Rudolf Zenker

Die Gedichte des Folquet von Romans

Rudolf Zenker

Die Gedichte des Folquet von Romans

ISBN/EAN: 9783743657335

Hergestellt in Europa, USA, Kanada, Australien, Japan

Cover: Foto ©Thomas Meinert / pixelio.de

Weitere Bücher finden Sie auf **www.hansebooks.com**

ROMANISCHE BIBLIOTHEK

HERAUSGEGEBEN

VON

DR. WENDELIN FOERSTER,
PROF. DER ROMANISCHEN PHILOLOGIE A. D. UNIVERSITÄT BONN.

XII.

DIE GEDICHTE DES FOLQUET VON ROMANS.

HALLE A. S.

VERLAG VON MAX NIEMEYER.

1896.

DIE GEDICHTE

DES

FOLQUET VON ROMANS

HERAUSGEGEBEN

VON

D^R. RUDOLF ZENKER.

HALLE a. S.

VERLAG VON MAX NIEMEYER.

1896.

Seinem lieben Vater

Prof. Dr. Friedrich von Zenker

zu seinem siebzigsten Geburtstage

in herzlicher Dankbarkeit

der Verfasser.

Vorwort.

Folquet von Romans, dessen Werke hier zum ersten Mal in kritischer Bearbeitung erscheinen, blühte zu Anfang des 13. Jahrhunderts und gehört mithin noch der besten Zeit der provenzalischen Lyrik an. Freilich nimmt er neben den berühmten Liederdichtern jener Epoche, neben einem Guiraut von Bornelh, Raimbaut von Vaqueiras, Peire Vidal u. a. m. nur einen bescheidenen Rang ein. Seine poetische Hinterlassenschaft ist von geringem Umfang, und wenn wir auch annehmen dürfen, dass ein grosser Theil seiner Gedichte uns verloren gegangen ist, so würde doch eben dieser Umstand dafür sprechen, dass dieselben keine weite Verbreitung gefunden haben, — wie ja auch von den uns erhaltenen mehrere nur in einer einzigen Handschrift überliefert sind. Trotzdem sind seine Gedichte nicht ohne Verdienst, sie können den besseren Erzeugnissen der provenzalischen Literatur beigerechnet werden und schienen mir einer kritischen Ausgabe wohl werth zu sein. Dass für eine solche nicht gerade ein dringendes Bedürfniss vorlag, dessen bin ich mir wohl bewusst; sämmtliche Gedichte Folquet's sind ja bereits an leicht zugänglichen Stellen gedruckt, auch bieten sie inhaltlich dem Verständniss keine besonderen Schwierigkeiten, und was die Lebensumstände des Dichters betrifft, so war über diese etwas neues nicht zu eruiren. Dessenungeachtet wird man die Ausgabe, denke ich, nicht als überflüssig bezeichnen; wenn sie auch kein anderes Verdienst hat, als dass sie den poetischen Nachlass des Dichters feststellt, bisher Zerstreutes zu bequemer Uebersicht vereinigt und von den Gedichten einen correkteren Text giebt, so dürfte das immerhin genügen, ihre Existenz als gerechtfertigt erscheinen zu lassen.

Benutzt habe ich für die Lieder das gesammte handschriftliche Material; hingegen war mir für die Epistel, Nr. XIII, die Cheltenhamer Handschrift (jetzt im Besitz des des Rev. Fitz Roy Fenwick) nicht zugänglich. Da indess die Ueberlieferung dieses Gedichtes in den drei zu Rathe gezogenen Handschriften eine sehr gute, nahezu identische, ist, auch an den wenigen Stellen, an denen sie differiren, ein Zweifel über die aufzunehmende Lesart kaum irgendwo möglich war, so konnte die genannte Handschrift meines Erachtens ohne Schaden unberücksichtigt bleiben.[1]) Die Pariser Handschriften sowie die von Mailand und Florenz habe ich, soweit sie noch nicht gedruckt waren, selbst verglichen, ausgenommen allein Y zu Gr. 156, 10, welches ich übersehen hatte und welches Herr Prof. Stürzinger so freundlich war, nachträglich für mich zu copiren. Für die Beschaffung des Materials aus den Handschriften zu Rom (L) und Oxford (S) bin ich zu lebhaftem Danke verpflichtet

---

[1]) Ob vielleicht auch das mit den Worten *Eu pren comiat* beginnende Gedicht, welches nach der Beschreibung von Milá y Fontanals, Rev. d. l. r. X, 228 in der Saragossaer Handschrift steht, mit der Epistel identisch ist, vermag ich leider nicht zu sagen, da Milá darüber keine Auskunft ertheilt und ich auf eine diesbezügliche Anfrage bei dem Besitzer der Handschrift, Herrn Pablo Gil y Gil, eine Antwort nicht erhalten habe.

den Herren Alfredo Monaci, Assistent an der Vaticana und Adolf Neubauer, Bibliothekar an der Bodleyana, desgleichen, für Uebersendung von Collationen der beiden in der Florentiner Handschrift (c) enthaltenen Lieder, bevor ich diese selbst einsehen konnte, Herrn Prof. Stengel zu Marburg.

Was die Reihenfolge der Gedichte betrifft, so habe ich zunächst eine Scheidung nach Gattungen vorgenommen, wobei ich die Sirventes-Canzonen mit den Canzonen vereinigt habe, da sie nicht nur als solche beginnen, sondern auch ihrem wesentlichen Inhalte nach sich als solche darstellen. Ich habe dann bei den Liedern eine chronologische Ordnung angestrebt; diese ist freilich, da einige der Lieder sich überhaupt nicht datiren lassen, bei anderen das gegenseitige chronologische Verhältniss nicht zu bestimmen ist, zum Theil eine rein hypothetische, auf wenig beweiskräftigen Indicien oder allgemeinen Erwägungen basirte; immerhin schien mir auch eine solche im vorliegenden Falle der nach dem Metrum oder der ganz äusserlichen nach dem Alphabet vorzuziehen zu sein; die letztere, die alphabetische Anordnung, habe ich nur adoptirt bei den Coblenwechseln, welche für eine Bestimmung ihres gegenseitigen chronologischen Verhältnisses keinerlei Anhaltspunkte bieten.

Hinsichtlich der Orthographie bin ich bei Gedichten, die in mehreren Handschriften erhalten sind, überall, wo C vorlag, diesem gefolgt. Wo das nicht der Fall war — nur bei Nr. II und XIII —, habe ich die Handschrift angemerkt, deren Schreibung ich adoptire. Doch · habe ich durchweg folgende Vereinfachungen getroffen: ich scheide zwischen i und j, u und v, unterdrücke h im Wortanlaut, bezeichne mouillirtes l und n mit lh, nh, ersetze y durch i, c = qu vor e, i durch qu, füge u nach q ein, wo es fehlt, ersetze ç durch s, ss oder z, cx durch cs, sz durch

z, *sc* im Wortanlaut durch *s*, und vereinfache Doppel-
consonanz im Wortauslaut und im Inlaut nach Consonanz.

Gehandelt wurde bis jetzt über Folquet von Romans
hauptsächlich an folgenden Stellen: Hist. litt. de la France
XVIII, 621 (Émeric-David); Cavedoni, Memorie della R. Aca-
demia di scienze, lettere ed arti di Modena t. II, 282; Diez,
Leben und Werke der Troubadours[2] S. 453; Zeitschrift f.
rom. Phil. IX, 133 (O. Schultz); Romania XVIII, 557 ff.
(G. Paris).

Folquet's Leben und Werke.

I.

Da wir unsere Kenntniss von Folquet's Lebensum-
ständen vornehmlich aus seinen Gedichten zu schöpfen
haben, so wird es unsere erste Aufgabe sein müssen, fest-
zustellen, was von dem in den Handschriften unter seinem
Namen Ueberlieferten ihm wirklich zugehört und was nicht.

Bartsch führt im Grundriss Nr. 156 unter Folquet von
Romans 14 Gedichte auf; von diesen sind indess zwei zu
streichen, wie schon V. 'tthoeft, Sirventes Joglaresc (Ausg.
und Abh. LXXXVIII) S. 1, beziehungsweise Levy, Guilhem
Figueira S. 70 bemerkt haben: n. 7 *Luzens lares et ar-
ditz* gehört nämlich vielmehr dem Pons von Capdoill, es
ist identisch mit Gr. 375, 14 *Lials amics, cui amors ten
jojos* (Napolski, Pons de Capdoill S. 69), nur sind in c,
welches allein die Attribution Folquet von Romans aufweist, die beiden ersten Zeilen abgefallen; sodann sind
n. 11 und 13 identisch: *Tornatz es en pauc de valor*
ist der Anfang der II. Strophe von n. 11; Bartschens Ver-
sehen rührt daher, dass in CR die Strophenordnung ver-
tauscht, die I. Strophe zwischen die IV. und V. eingeschoben
ist und das Gedicht also mit der II. Strophe beginnt. In
M wird dasselbe übrigens dem Guilhem Figueira (*en
figera*) zugeschrieben; dass diese Attribution falsch ist, ergiebt sich, wie gleichfalls schon Levy a. a. O. S. 12 bemerkt hat, abgesehen von der Uebereinstimmung der übrigen
Handschriften, daraus, dass das Gedicht an Otto von Car-
retto gesandt wird; denn dieser wird bei Folquet noch in drei
Gedichten, Nr. IV, V und VI (Levy sagt: in zwei, weil ihm

Nr. IV, damals noch unedirt, nicht bekannt war), bei Figueira hingegen nirgends erwähnt. Als nicht ganz sicher bezeichnet nun Appel, Provenzalische Inedita S. 98, die Autorschaft Folquet's noch für Nr. V: *Jeu no mudaria;* Appel macht darauf aufmerksam, dass das Gedicht in der einzigen Handschrift, die es überliefert, in C, dem dort gleichfalls dem Folquet von Romans zugeschriebenen *Pus entremes me sui de far chanso*, Gr. 155, 17 (M. G. 85), das aber vielmehr von Folquet von Marselha sei, folge, und zwar ohne Ueberschrift und ohne Initiale, so dass nur ein Zeichen am Rande den Beginn eines neuen Gedichtes anzeige. Doch meint Appel, die Autorschaft des Folquet von Romans werde einigermassen wahrscheinlich durch die metrische Form: ein Lied mit der Reihenfolge a b a b zu beginnen, sei bei Folquet von Romans gewöhnlicher als bei dem andern und die Mischung von weiblichen Fünfsilbnern und männlichen Siebensilbnern komme ganz ähnlich bei Folquet von Romans Gr. n. 6 vor. Die Sache liegt indess wesentlich anders. Dass nämlich das in C vorausgehende Lied *Pos entremes me sui de far chanso* wirklich Folquet von Marselha zum Verfasser hat, wie Appel meint, das steht nicht nur nicht fest, sondern ist sogar in hohem Grade unwahrscheinlich. Von den 14 Handschriften, welche das Gedicht überliefern, nennen allerdings 8 (A D E M O T a f) Folquet von Marselha als Verfasser und nur 4 (Dᵃ G R S) bezeichnen als solchen Peirol, 2 (C c) Folquet von Romans. Dass indessen im vorliegenden Falle die Minorität der Handschriften gegenüber der Majorität im Rechte und nicht Folquet von Marselha, sondern Peirol der Verfasser ist, das wird in hohem Grade wahrscheinlich gemacht durch die metrische Form des Gedichtes. Sämmtliche Lieder Folquet's von Marselha nämlich, soweit sie die Form der Canzone haben, 22 an der Zahl, sind abgefasst in *coblas unisonans* d. h. die gleichen Reime gehen durch sämmtliche Strophen hindurch[1]) (Gr. 155, 26 *Vers deus, el vostre nom*

---

[1]) Die Angabe Canello's, la Vita e le Opere del Trovatore Arnaldo Daniello. Halle 1883 S. 19, Folquet v. M. bediene sich schon der *rimas singulars*, ist mithin nicht zutreffend.

e de sancta Maria [M. W. I, 335], dessen Strophen die Reimbindung A A B B B aufweisen — ich bezeichne mit gleichen Buchstaben Strophen, welche die gleichen Reime haben — ist eine geistliche Alba mit 4-zeiligem Refrän, tritt demnach inhaltlich und formell aus der Reihe der übrigen Lieder heraus und kann hier nicht in Betracht kommen); das vorliegende Gedicht dagegen zeigt *coblas doblas* d. h. es sind nur je zwei Strophen durch gleiche Reime verbunden (Str. II steht in den Handschriften, nach denen das Gedicht bis jetzt allein gedruckt ist — E S — offenbar an verkehrter Stelle; das Schema für die Reimverknüpfung der Strophen wäre nach diesen das folgende: A B A C C B; eine solche Unregelmässigkeit widerspricht aber durchaus dem Gebrauch der Trobadors; da nun Str. VI als am richtigen Platze stehend sich dadurch ausweist, dass sie das Geleit enthält, so ist Str. II zwischen Str. V und VI einzuschieben, wodurch wir dann regelmässige *coblas doblas* erhalten). Eben diese *coblas doblas* hat nun der von 4 Handschriften als Verfasser genannte Peirol mehrfach verwandt, nämlich in Gr. 366, 4, 11, 12, 19, 26 und 27. Dazu kommt, dass genau die gleiche Reimfolge a b b a a c c bei Peirol nicht weniger als zweimal begegnet, nämlich in Gr. 366, 5 (Rev. d. l. r. 1888, 570) und 28 (M. W. II, 9), von denen das letztere, abgesehen davon, dass es *coblas unisonans* hat und dass Reim b männlich ist, metrisch identisch ist mit *Pos entremes*. Dagegen hat Folquet v. M. genau die gleiche Reimfolge in keinem einzigen seiner Gedichte verwendet. Was den Inhalt betrifft, so liegt irgend ein Bedenken gegen Peirol's Autorschaft nicht vor; vielmehr erinnert die Wendung Str. IV (der Handschriften):

> *Luenh m'es dels hueils, mas del cor m'es tan pres*
> *cela per cui planc e sospire . .*

an ähnliche bei Peirol sich findende Wendungen, so Gr. 366, 9 (Arch. 36, 434), Str. III:

> *Que fin amor juin e lia*
> *tals que(s) part luindas pais . .*

ib. 22 (M. W. II, 23), 1. Torn.:

1*

Que'l res es que plus mi greya,
que tan lueinh de mi estai.

ib. 31 (M. W. II, 18), Str. I:

Si be'm sui loing et entre gen estraigna
eu mai pens er d'amor . .,

während mir bei Folquet v. M. eine derartige Aeusserung
nicht begegnet ist. Von Seiten der metrischen Form würde
nun allerdings auch der Autorschaft Folquet's von Romans,
dem zwei Handschriften das Gedicht zuschreiben, nichts im
Wege stehen, indem eines seiner Lieder, 156, 10, in *coblas
doblas* abgefasst ist. Indessen würde im Hinblick auf die
Zahl der Attributionen seine Autorschaft offenbar nur dann
in Frage kommen können, wenn sich ein gewichtiger Grund
für dieselbe geltend machen liesse; das ist aber nicht der
Fall, vielmehr scheint mir der Inhalt des Gedichtes dagegen zu sprechen, insofern er nach meinem Gefühl jenen
frischen entschiedenen Ton, der Folquet's Lieder aus-
zeichnet, vermissen lässt.

Somit können wir, denke ich, mit gutem Grunde das
Gedicht dem Peirol zusprechen. Dann ist also die Frage
nicht mehr die, ob das in C folgende *Jeu no mudaria*
statt dem dort als Verfasser genannten Folquet von Romans nicht etwa dem Folquet von Marselha, sondern ob
es nicht dem Peirol zuzusprechen sei. Ich glaube nun,
dass diese Frage zu verneinen ist, und zwar wiederum aus
einem Grunde metrischer Art. Zwar der Strophenanfang
a b a b und die Mischung von Fünf- und Siebensilbnern
finden sich bei Peirol ebensowohl als bei Folquet von Romans; dagegen begegnen wir nur bei letzterem, nämlich in
Gr. n. 6 und 8, der in der provenzalischen Lyrik seltenen
Form der *coblas singulars* d. h. der von Strophe zu Strophe
wechselnden Reime, welche das Gedicht aufweist. Peirol's
sämmtliche Lieder sind abgefasst entweder in *coblas unisonans* oder in *coblas doblas* oder es geht doch, wenn auch
der erste und zweite Reim von Strophe zu Strophe wechseln,
wenigstens der dritte durch sämmtliche Strophen hindurch;
eigentliche *coblas singulars* kennt Peirol nicht. Bedenkt man,
dass uns von ihm nicht weniger als 25 Lieder erhalten

sind — ich rechne die Tenzonen nicht mit —, so wird man dieser Beobachtung eine ziemliche Beweiskraft nicht abstreiten können und ich glaube mich denn zu der Behauptung berechtigt, dass *Jeu no mudaria* aller Wahrscheinlichkeit nach in der That von Folquet von Romans herrührt.

Es existiren nun noch eine Anzahl Lieder, für die nur einzelne Handschriften Folquet als Verfasser nennen; von diesen können die meisten auf Grund des Zeugnisses der weitaus überwiegenden Mehrzahl der Handschriften ihm ohne weiteres abgesprochen werden; es sind:

Gr. 30, 16. Arnaut von Maroill zugeschrieben in A C D E M P S U V c, Raimundus in Q, Blacatz in f, — Folquet von Romans nur in C reg. R;

70, 10. Bernart von Ventadorn A C D G I K M N Q V a, Guiraut von Borneill P, Arnaut von Maroill C reg. R, — Folquet von Romans ebenfalls nur C reg. R[2];

155, 2. Folquet von Marselha A D[a] E I K N P V f, Arnaut von Maroill C R[2], — Folquet von Romans wiederum nur C reg. R;

155, 13. Folquet von Marselha A D[a] I K N P Q, Pons von Capdoill a, anon. O, — Folquet von Romans C R;

155, 17 wurde schon oben besprochen.

332, 1. Peire von Bussignac A B C D I R, Guillem von Bussignac C reg. a, Peire Cardenal D[b] T, Peire von Maensac H, Richard von Berbezill S — Folquet von Romans nur M R[2];

332, 2. Peire von Bussignac A B C D I K, Peire von Maensac H, Raimbaut von Vaqueiras R — Folquet von Romans nur M;

352, 2. Peire de la Mula A C D[a] R, anon. L, — Folquet von Romans E.

Keine Entscheidung gewährt die Zahl der Attributionen nur bei Gr. 132, 8 *Mas camjat ai de far chanso* und 155, 26 *Vers deus el vostre nom e de sancta Maria*. Ersteres Lied wird in C E dem Elias von Barjols — unter dessen Lieder Bartsch es einreiht —, in C reg. dem Aimeric von Belenoi, in a dem Peire Raimon, in R[2] dem Pons de la Garda, endlich in C reg. R dem Folquet von Romans zugeschrieben. Gegen die Autorschaft Folquet's spricht offenbar, dass, wie wir oben sahen, das Register von C und R gemeinsam ihm noch 3 — R sogar 5 — andere Lieder fälschlich zuschreiben, ihrem Zeugniss also keinerlei Gewicht beigemessen werden kann. Form und Inhalt des Gedichts würden, soweit ich sehe, eine Handhabe für die Entscheidung der Verfasserfrage nicht bieten. Aus dem gleichen Grunde können wir Folquet das zweite der genannten Gedichte, Gr. 155. 26, absprechen, indem dieses ihm gleichfalls nur im Register von C und in R zugeschrieben wird. Es spricht hier aber ausserdem gegen Folquet's von Romans Autorschaft noch ein zweites Moment. Es kann nämlich keinem Zweifel unterliegen, dass das in Rede stehende Gedicht und Gr. 155, 19 *Seigner deus, que fezist Adam* (M. W. I, 332) von demselben Verfasser herrühren. Wer die beiden von leidenschaftlicher religiöser Inbrunst erfüllten Gedichte mit einander vergleicht, wird das ohne weiteres zugeben. Nun nennt die einzige Handschrift, welche 155, 19 überliefert, R, als Verfasser den Folquet von Marselha; da wir nun keinen Grund haben, die Richtigkeit dieser Attribution anzuzweifeln, vielmehr der Inhalt der beiden Gedichte vollkommen zu dem stimmt, was wir über Folquet's Charakter und Lebensschicksale wissen, so müssen wir auch 155, 26 dem Folquet von Marselha zuschreiben.

Es ist schliesslich noch eines Gedichtes Erwähnung zu thun, welches Folquet zwar nicht direkt zugeschrieben wird, für welches aber seine Autorschaft vermuthet worden ist. Gr. 152, 1 und 382, 1 führt Bartsch eine in P T erhaltene „Tenzone" — es ist vielmehr nur ein Coblenwechsel — zwischen Folquet und Porcier auf (gedruckt nach P Arch. 50, 282, die erste Strophe nach P unter Benutzung von T auch Choix V, 148 und M. W. III, 105) und Schultz, Zeitschr. f. rom. Phil. IX, 133 spricht die Vermuthung aus, der Interlokutor sei vielleicht Folquet von Romans. Nun lautet allerdings die Ueberschrift in P: *Cobla de Folket e den Porcer del cont de Tolosa,* indessen sind in Wirklichkeit, soweit ich den arg verdorbenen Text verstehe — den eigentlichen Sinn desselben vermochte ich nicht zu enträthseln — die Unterredner nicht Folquet und Porcier, sondern Porcier und dessen *Seigner* (der in der Ueberschrift genannte Graf von Toulouse?) und wird ein Folquet darin nur in dritter Person erwähnt. Die Ueberschrift beruht somit auf einem Missverständniss und Folquet's Autorschaft kommt für das Gedicht überhaupt nicht in Betracht; ob darin nun vielleicht von ihm die Rede ist, das interessiert uns hier nicht und wird sich auch schwerlich entscheiden lassen.

Sind wir somit in allen diesen Fällen zu einem negativen Resultat gelangt, so liegt die Sache nun anders bezüglich einer 254 Achtsilbner umfassenden Epistel — wohl als der *domnejaire* zu bezeichnen, wenn gleich mit *domna* nur beginnend, nicht auch schliessend —, als deren Verfasser in einer der Handschriften, die sie überliefern, Folquet von Romans genannt wird; es ist die Epistel: *Domna, eu pren comjat de vos* (Gr. § 29), die in L N anonym überliefert ist, in G dem Pons von Capdoill, in c aber dem Folquet von Romans zugeschrieben wird. Dass der Brief von Pons von Capdoill herrühren sollte — wie Bartsch im Grundriss annimmt, doch mit der Bemerkung, dass seine Autorschaft nicht sicher sei —, das hat schon Napolski in seiner Ausgabe dieses Dichters (Halle 1880) S. 46 als unwahrscheinlich bezeichnet; er meint, das Gedicht sei dem Pons vielleicht deshalb zugeschrieben worden, weil darin V. 182 der Name eines von dem Dichter in seinen Liedern mehrfach genannten Freundes, Andreu, begegne, während an der betreffenden Stelle doch einfach von dem bekannten Romanhelden, „Andreu de France", die Rede sei. In wie weit nun den von Napolski gegen die Autorschaft des Pons angeführten Gründen Gewicht beizumessen ist, das brauche ich nicht weiter zu untersuchen, da sich positiv zeigen lässt, dass vielmehr Folquet von Romans der Verfasser sein muss. Dieser Nachweis lässt sich führen auf Grund von Lied II: *Ma bella domna, per vos dei esser gais*, welches, wie die Epistel, gerichtet ist an eine Dame, von der der Dichter sich — offenbar kurz vorher, und zwar infolge ihrer Abreise, — hat trennen müssen. Fast sämmtliche Gedanken des Liedes, Zeile für Zeile, zum Theil — und das ist das wesentlichste — mit den gleichen Worten, finden sich nämlich in der Epistel wieder; ich stelle im Folgenden die Parallelstellen neben einander, links die Stellen des Liedes, rechts die der Epistel:

V. 2 *c'al departir me dones un*
dolz bais,
tan dolzamen, lo cor del
cors mi trais;
lo cor avez, domna, qu'eu
lo vos lais
per tal coven, qu'eu no·l
volh cobrar mais

V. 53 *... de cor soi mondes e*
blos,
bella domna, vos n'avez dos,
que vos avez lo meu e·l
vostre,
et ai ben talen que·l vos
mostre:
quan preses mon anellet
d'or,
mi traisses dinz del
cors lo cor ..

10 *Ma bella domna, a vos*
me valha deus,
que mil aitanz soi melh
vostre que meus

19 *Domna, que ja no·m*
valha deus,
se melhz non soi
vostre que meus

12 *obedient plus que serf*
ni judeus

129 *que vostr' oms soi e vostre*
sers,
plus obediens qu'uns
convers

13 *e de vos teng mon aloc*
e mos feus

48 *bella domna, valenz e pros,*
de cui teing tot quant
ai en feu

16 *e morrai tot aissi com*
fes n'Andreus

181 *e se·m tenez en tal balansa,*
companhs serai An-
dreu de Fransa
que mori per amor s'amia

21 *qu'eu ai ben vist e cone-*
guz en sort
qu'en breu de temps
m'auran li sospir
mort,
se eu ab vos en chambra
no·m deport

189 *que, s'en breu temps*
non m'ajudaz,
mort mi trobarez, so
sapchatz

26 *s'enaissi mor, pechat*
n'aurez e tort

37 *mas vos n'aurez pe-*
chat e tort,
se mais non m'amaz viu
que mort

30 *que nulla ren non am tan*
ne desir
com eu faz vos ..

204 *quar ren del mon tan*
non desir
cum faz vostre bel
cors lejal

71 *qu'eu non cre que negus*
fos naz
con tan bel glavi fos na-
vraz
com eu soi ..

Hier wie dort wird Salomo erwähnt, allerdings in verschiedenem Zusammenhange:

43 *que per amor fu vencuz* | 121 *e val mais merces que*
Salamos | *razos*
| *en amor, so dis Sala-*
| *mos*

Hier wie dort vergleicht sich der Dichter mit Floris, allerdings wiederum in verschiedener Hinsicht:

6 *que melh non pres a Raol* | 135 *que tan vos soi ferms e*
de Cambrais | *lejals*
ne a Flori, can poget | *que Tristans fo vers Ysout*
el palais, | *fals* .
com fez a mi .. | *contra mi, e vers Blancha-*
| *flor*
| *Floris ac cor galiador.*

Derselbe Vergleich findet sich bei Folquet noch zwei mal, nämlich Nr. III, 17:

anc no fo de joi tan rics
Floris, quan jac ab s'amia

sowie IV, 17:

E sapchatz c'anc plus coralmen
non amet Floris Blanciflor.

Dazu kommt, dass, wie ja schon aus den angeführten Parallelstellen einigermassen zu ersehen ist, der Ton der Darstellung in beiden Gedichten geradezu identisch ist; wer dieselben nach einander liest, der wird den entschiedenen Eindruck bekommen, dass Lied und Epistel von dem nämlichen Verfasser herrühren und der gleichen Situation ihre Entstehung verdanken müssen. Somit glaube ich mich zu der Behauptung berechtigt, dass die Epistel Folquet von Romans zuzuschreiben ist.

Damit wäre denn der Bestand von Folquet's dichterischem Nachlass fixirt; derselbe beläuft sich auf 13 Stücke, nämlich:

5 Canzonen: Gr. n. 2, 3, 5, 8, 14, darunter drei, Gr. n. 2,
3, 14, als Sirventes-Canzonen zu bezeichnen — 14 nennt
der Dichter selbst *chanso sirrentes*.
4 Sirventese: Gr. n. 6. 10, 11, 12; davon eines, Gr. n. 12,
ein Kreuzlied, die übrigen persönlichen, politischen, allgemein moralischen oder moralisch religiösen Inhalts.
3 Coblenwechsel: Gr. n. 1, 4, 9.
1 Epistel (*domnejaire*): Gr. § 29.
Ich gehe nunmehr über zur Erörterung der Lebensschicksale unseres Dichters.

II.

Von Folquet's Lebensschicksalen haben wir nur sehr
mangelhafte Kunde. Die Quellen, welche uns dafür zu
Gebote stehen, sind die folgenden:
1. Die provenzalische Lebensnachricht.
2. Die bekannten, von Gaston Paris in der Romania
XVIII, 553 eingehend besprochenen Strophen, in denen der
nordfranzösische Ritter und Trouvère Hugo von Berzé Folquet zur Theilnahme am Kreuzzug auffordert.
3. Folquet's eigene Gedichte.
4. Seine Erwähnung in einigen Urkunden.
Die provenzalische Lebensnachricht fasst sich sehr
kurz und ist ganz allgemein gehalten:
Folquet von Romans, meldet sie, stammte aus Viennois,
aus einem Orte Namens Romans.[1]) Er war ein tüchtiger
Joglar, verstand es gut, sich an den Höfen zu bewegen[2])
und war von sehr munterem Wesen[3]); und er war wohl
angesehen in der guten Gesellschaft. Er dichtete Sirventese nach Spielmannsart, in denen er die Edlen lobte und
die Schlechten tadelte (*sirventes joglarescs de lauzar los*

---

[1]) Arrond. Valence, an der Isère, nicht weit von ihrem Ein-
fluss in die Rhône.

[2]) So dürfte das *prezentiers en cort* wohl am zutreffendsten
zu übersetzen sein.

[3]) Es ist schwer, für das provenzalische *de gran solatz* einen
adäquaten Ausdruck zu finden; „ein guter Gesellschafter" würde
dem Sinne vielleicht noch am nächsten kommen.

pros e de blasmar los malvatz), und er dichtete treffliche
Coblen.

Irgend welche nähere Angaben über Folquet's Lebensschicksale erhalten wir hier also nicht; welche Art von
Sirventesen der Biograph mit den „Sirventesen nach Spielmannsart" meint, wird weiter unten besprochen werden.
Bessere Auskunft als die Lebensnachricht ertheilen
uns die unter n. 2 und 3 namhaft gemachten Quellen. Die
Strophen Hugo's von Berzé bieten uns zunächst eine Handhabe, um die Geburtszeit des Dichters annähernd zu bestimmen. Da dieselben auch in anderer Beziehung für
Folquet von Interesse sind, so theile ich sie hier nach der
von G. Paris a. a. O. gegebenen kritischen Restitution voll-
ständig mit. Sie lauten mit der nur in II erhaltenen
Ueberschrift folgendermassen:

*N'Ugo de Bersie mandet aquestas coblas a Falquet de Rotmans
per un joglar q'avia nom Bernart d'Argentau per predicar lui
que vengues con lui outra mar.*

Bernarz, di moi Fouquet qu'on tient a sage
que n'emploit pas tot son sen en folie,
que nos avons grant part de nostre cage
entre nos deus usei en lecherie;
et avons bien dou siegle tant apris   5
que bien savons que chascun jor vaut pis;
por quoi feroit bon esmendeir sa vie,
car a la fin est fors de juglerie.

Dieus! quel dolor, quel perte et quel damage
d'ome qui vaut quant il ne se chastie!   10
Mais tel i a, quant voit son bel estage
et sa maison bien pleine et bien garnie,
qui ne cuide soit autre paradis.
Ne le penseiz, Fouquez, beaus douz amis,
mais faites nos outre meir compaignie,   15
que tot ce faut, mais Dieus ne faudra mie.

Bernarz, encor me feras un message
au bon marquis cui aim sanz tricheric,
que je li pri qu'il aut en cest voiage,
que Monferraz le doit d'anceiserie;   20
que autre foiz fust perduz li pais,
ne fust Conraz, qui tant en ot de pris
qu'il n'iert ja mais nul temps que l'on ne die
que par lui fu recovreie Surie.

Bernarz, di moi mon seignor au marquis
que de part moi te dont ce que m'as quis,
que j'ai la crois qui me defent et prie
que ne mete mon avoir en folie.

Wie G. Paris a. a. O. überzeugend darthut, stammt das
Gedicht aus dem J. 1201; der in Str. III genannte Markgraf von Monferrat ist Bonifaz I. (1182—1207), der Kreuzzug, an dem Theil zu nehmen er wie Folquet aufgefordert
wird, ist der vierte; ein zweites, nur in der einen der beiden
Handschriften überliefertes Geleit, dessen Inhalt zu dieser
Annahme nicht stimmen würde, muss als späterer Zusatz
betrachtet werden, beigefügt in der Absicht, das Gedicht
zu modernisiren, es den Verhältnissen des Jahres 1223
anzupassen. Verfasser ist von den beiden Hugos von
Berzé — Berzé-le-Châtel bei Mâcon —, welche nach Ville-
hardouin am 4. Kreuzzug Theil nahmen, der jüngere,
Hugo von Berzé der Sohn, von dem uns ausserdem noch
fünf lyrische Gedichte[1]) und ein unter dem Namen der
„Bible au seignor de Berzé" bekanntes moralisch-didak-
tisches Gedicht erhalten sind. O. Schultz, Zeitschrift IX, 133
hatte gegen die Beziehung des Gedichtes auf den 4. Kreuzzug Bedenken geäussert, und die Vermutung ausgesprochen,
es möchte vielmehr in das Jahr 1215 oder etwas später
zu setzen sein, indessen ist auch er jetzt ib. XVI, 506 der
Ansicht G. Paris' beigetreten.

Es sind in diesen Strophen nun vor allem V. 3—7,
welche für die Bestimmung von Folquet's Geburtszeit in
Betracht kommen. Hugo erklärt hier, er und Folquet
hätten „einen grossen Teil ihres Lebens der Welt-
lust (*lecherie*) gehuldigt; sie hätten vom Weltleben nun
genug kennen gelernt, um zu wissen, dass es den einen
Tag weniger tauge als den andern, darum thäten sie gut
daran, jetzt ihr Leben zu verbessern". Aus dieser Aeusserung geht offenbar hervor, dass beide damals, also im Jahre
1201, über die erste Jugend bereits hinaus waren, wir

---

[1]) Hgg. von C. Engelcke, Die Lieder des Hugues de Bregi.
Rostocker Dissertation. 1885.
[2]) Hgg. bei Barbazan et Méon, Fabliaux et contes, t. II,
394—420.

dürfen annehmen, dass sie mindestens Ende der zwanziger oder Anfang der dreissiger Jahre standen. Zu dem gleichen Schlusse scheinen mir, was speciell Folquet betrifft, Vers 11—14 zu nötigen. Denn wenn Hugo hier erklärt, es gäbe manchen, dem sein *bel estage* und seine *maison bien pleine et bien garnie* wie ein zweites Paradies erscheine, Folquet möge nicht so denken, so liegt darin doch wohl implicite, dass Folquet selbst im Besitz eines solchen „wohl gefüllten, wohl ausgestatteten Heims" sich befand. Dass aber ein von Haus aus doch in der Regel mittelloser, auf die Gaben der Grossen angewiesener Joglar, wie Folquet es war, zu Vermögen und Wohlstand gelangt sein sollte, ohne schon während einer längeren Reihe von Jahren seinem Berufe obgelegen zu haben, das ist gewiss nicht eben wahrscheinlich.

Haben wir somit für Folquet's Geburtszeit eine ungefähre Grenze nach unten gewonnen, so erhalten wir nun eine solche nach oben, wenn wir die Thatsache in Rechnung ziehen, dass zwei seiner Liebeslieder, Nr. IV und V, erst nach dem Jahre 1220, innerhalb der Jahre 1220 und 1228, entstanden sein können, indem in beiden Friedrich II. bereits als Kaiser bezeichnet wird. Sind die soeben aus Hugo's Strophen gezogenen Schlussfolgerungen zutreffend, so muss Folquet zu dieser Zeit mindestens bereits ca. 50 Jahre alt gewesen sein. Das ist ja nun gewiss recht wohl denkbar, aber andrerseits ist es doch, besonders wenn wir den jugendlich frischen, munteren Ton dieser Lieder berücksichtigen, gewiss wenig wahrscheinlich — wenn auch nicht geradezu ausgeschlossen —, dass er schon wesentlich älter gewesen sein sollte. Wir dürfen demnach annehmen, dass er, als er die in Rede stehenden Lieder verfasste, im Alter von 50—60 Jahren stand, — womit denn also die Zeit seiner Geburt annähernd fixirt wäre: dieselbe ist aller Wahrscheinlichkeit nach gegen 1170 anzusetzen. Es stimmt zu diesem Resultate, wenn nach G. Paris die Geburt Hugo's von Berzé in die gleiche Zeit fällt; denn es ist doch wohl anzunehmen, dass die beiden Freunde ungefähr gleichaltrig gewesen sind.

Was nun Folquet's Schicksale betrifft, so erfahren wir,

wie soeben bemerkt, zunächst aus Hugo's Strophen, dass er in jungen Jahren mit diesem seinem ritterlichen Gönner zusammen ein lustiges Leben geführt und die Freuden der Welt gründlich genossen hatte. Dass sein Sinn einst auf die Welt und ihre Lust gerichtet gewesen sei, gesteht Hugo auch in seiner *Bible* ein, und was er hier von sich sagt, das gilt gewiss ebensowohl von Folquet. Die Welt (*li siecles*), erklärt Hugo, habe einst solchen Wohlgeschmack für ihn gehabt, dass seine Gedanken Tag und Nacht auf nichts anderes gerichtet gewesen seien; er habe sie mehr geliebt als irgend einer. Auch welcher Art die Freuden waren, die sie ihm — und mit ihm also Folquet — bot, erfahren wir hier: er hat seine Lust gehabt „am Lachen und Singen, am Turnieren und Umherziehen, am Abhalten und Besuchen von Höfen":

V. 93: *Solaz de rire e de chanter,*
  et de tornoier e d'errer
  et de corz mander et tenir . .,

auch hat er der Minne seinen Tribut gezahlt:

V. 739: *D'un pechié c'on apele amor*
  me prent sovent molt grant paor . .

G. Paris setzt in diese Zeit, also in's letzte Jahrzehnt des 12. Jahrhunderts, die uns erhaltenen 5 Lieder Hugo's; dass auch Folquet damals schon dichterisch thätig war, ist wohl nicht zu bezweifeln, doch lässt es sich nicht entscheiden, ob von seinen uns erhaltenen Gedichten eines so weit heraufgerückt werden darf — wahrscheinlich ist es nicht; denn diejenigen seiner Gedichte, welche überhaupt eine Datirung zulassen, stammen alle aus einer wesentlich spätern Zeit.

Die *joie du siecle* hatte nun aber auf die Dauer Hugo nicht zu befriedigen vermocht; er hatte sich, wie er das in den oben citierten Strophen und mit grösserer Ausführlichkeit in der *Bible* ausspricht, von der Nichtigkeit und Vergänglichkeit aller irdischen Lust überzeugt; er hatte Einkehr in sich gehalten und beschlossen, „sein Leben zu verbessern" —, ohne darum doch zum Kopfhänger zu werden, denn, meint er in seiner *Bible* V. 127 ff., „auch missmutig, traurig und griesgrämig kann man wol das Paradies verlieren und mit einem Herzen voll Freude und Heiterkeit, wenn man sich nur vor anderweitigen Verfehlungen hütet, kann man es recht wohl gewinnen". Den Anstoss zu seiner Sinnesänderung scheint Hugo eben die im Jahre 1201 sich eröffnende Gelegenheit zur Theilnahme an einem Zuge nach dem heiligen Lande gegeben zu haben; jedenfalls nahm er — wie oben bemerkt, gemeinsam mit seinem Vater — das Kreuz. Zu dem gleichen Schritte suchte er nun in den citirten Strophen seinen Freund Folquet zu bewegen, aber seine Mahnungen blieben offenbar ohne Erfolg. Dass Folquet an der Kreuzfahrt nicht Theil genommen hat, ergiebt sich aus dem Umstande, dass er in einem seiner späteren Lieder, Nr. III, den Weggang des Markgrafen Bonifaz von Monferrat nach dem Orient bedauert und klagt, mit ihm sei auch die Freigebigkeit von dannen gezogen, und dass er ebensowenig dem weltlichen Leben, der *folie,* in der er nach Hugo's Aussage damals ganz befangen war, entsagte, das können wir daraus entnehmen, dass von seinen Liebesliedern eines erst nach 1212, zwei, wie schon bemerkt, erst nach 1220 entstanden sind.

Folquet muss sich, wie gleichfalls schon erwähnt wurde, zu jener Zeit in sehr angenehmen äusseren Verhältnissen befunden haben, es scheint, dass er ein „wohl versehenes, wohl eingerichtetes Haus" sein eigen nannte, in dem er sich, mit Hugo zu reden, „wie in einem zweiten Paradiese" fühlen konnte. Somit führte er damals nicht das unstäte Leben eines von Ort zu Ort wandernden Joglars, sondern hatte irgendwo dauernden Aufenthalt genommen. Da Hugo nun in der III. Strophe seines Gedichts sich an den Markgrafen Bonifaz von Monferrat wendet und, wie wir eben sahen, Folquet dessen Wegzug beklagt, so dürfen wir annehmen, dass er an dem Hofe eben dieses bekannten Gönners der Trobadors verweilte und dass Bonifaz Freigebigkeit vor allem es gewesen war, welche ihn in den Stand gesetzt hatte, sich ein eigenes Heim zu begründen. Falls in dem bei Raimbaut von Vaqueiras Gr. 392, 25 (M. G. 1078) Str. III genannten *en Folquet c'a cortezia lay part Alexandria* unser Folquet — wie ich im Hinblick auf die in der Biographie von ihm gegebene Charakteristik (vgl. S. 10) allerdings glauben möchte — und nicht Folquet von Marselha zu verstehen ist, so würde diese Stelle der soeben ausgesprochenen Annahme zur Bestätigung dienen können, indem aus ihr hervorgehen würde, dass Folquet sich vielleicht schon 1195 — in dieses Jahr setzt Schultz, Briefe des Raimbaut von Vaqueiras S. 120 vermuthungsweise das in Rede stehende Lied —, in jedem Falle aber vor 1202 zu Monferrat aufgehalten hat. Sicherlich hat er dann daselbst die persönliche Bekanntschaft des Raimbaut von Vaqueiras und des Peire Vidal gemacht, welche beide im Jahre 1202 am Hofe des Bonifaz verweilten (Raimbaut wahrscheinlich schon seit 1196, vergl. Schultz a. a. O.; P. Vidal ed. Bartsch S. LVII).

Ob und wie lange Folquet in Monferrat geblieben, nachdem Bonifaz die Kreuzfahrt angetreten hatte, das wissen wir nicht. In dem ältesten seiner Lieder, welches eine Datirung zulässt, in Nr. III (Gr. n. 14), finden wir ihn wieder am Hofe seines — Bonifaz' — Sohnes, des Markgrafen Wilhelm IV. von Monferrat (1191—1225), jedoch nur vorübergehend. Das Lied muss nämlich, da Friedrich II. darin V. 34 als „König" bezeichnet wird, entstanden sein nach dem 9. Dez. 1212, an dem Friedrich zu Mainz als römischer König gekrönt wurde, und vor dem 22. Nov. 1220, an dem er zu Rom die Kaiserkrone empfing. Dass Folquet damals nur vorübergehend am Hofe von Monferrat verweilte und seinen dauernden Aufenthalt vielmehr in seiner Heimat, in Viennois, hatte, das geht hervor aus Str. 1. Das Lied, eine Sirventes-Canzone, ist nämlich gerichtet an eine Dame .u Viennois, deren Gunst gewonnen zu haben der Dichter sich rühmt: Seit er Viennois verlassen, denkt er an nichts anderes als an ihre vollendete Schönheit. Stets erinnert er sich des Tages, wo sie zu ihm sagte: Schöner süsser Freund, gehe schnell und säume nicht, wenn du nicht willst, dass ich sterbe. Ihr Herren, fragt er, bin ich nicht glücklich, dass die schönste, die ich weiss, mir gesagt hat, was ich Euch eben sagte? (1—12). Durch treuen Dienst hat er ihre Neigung gewonnen; wohl haben Verläumder sich bemüht, ihm zu schaden, aber es ist ihnen nicht gelungen (19 – 27).

In den folgenden beiden Sirventesstrophen rühmt er den
Markgrafen Wilhelm, „seinen Herrn", als klug, höfisch
und leutselig, und erklärt, es werde ihm leid thun, wenn
er sich von ihm werde trennen müssen; doch tadelt er
seinen Geiz: König Friedrich, meint er, habe mit Recht
gesagt, man würde eines Pickels bedürfen, wenn man Geld
aus ihm ziehen wolle (28—36). Und doch habe kein Lom-
barde je so viel um des Ruhmes willen ausgegeben, wie
sein Vater (Bonifaz); als dieser nach Romanien gegangen
sei, da sei auch die Freigebigkeit mit ihm von dannen gezogen, dadurch seien sie, die Hofleute, in grosse Not gekommen, so viele von ihnen wanderten nun arm und bettelnd
in der Lombardei umher (37—45).

Aus dem Anfang dieses Liedes geht also in unzweideutiger
Weise hervor, dass Folquet damals Viennois erst kurz vorher
verlassen hatte und dass er beabsichtigte, baldigst dahin zurückzukehren. Aus seiner Klage über Bonifaz' Wegzug lässt
sich überdies entnehmen, dass in seinen äusseren Verhältnissen
seit dem J. 1201 sich ein Wandel vollzogen hatte; augenscheinlich war er jetzt nicht mehr der aller Sorgen um die Existenz
überhobene Mann, als welcher er in Hugo's Strophen erscheint, sondern war genötigt, als fahrender Spielmann sich
seinen Unterhalt zu verdienen. Ueber den Zweck seines
Besuches am Hofe von Monferrat erhalten wir keinerlei
Auskunft. Ebensowenig erfahren wir etwas näheres über
die Persönlichkeit der Dame, welche in dem Liede gefeiert
wird; ich halte es nun nicht für unwahrscheinlich, dass es
dieselbe ist, an welche Nr. II (Gr. 8) und die, wie S. 7 ff.
gezeigt, mit diesem Liede eng zusammengehörige Epistel
gerichtet sind: hier wie dort hören wir, dass die Neigung
des Dichters von Seiten der Dame erwidert werde und die
eben citierte Stelle V. 7—9, in der die Dame redend eingeführt wird, erinnert lebhaft an eine ähnliche Stelle in
der Epistel V. 172—175. Lied wie Epistel enthalten eine
leidenschaftliche, an die Adresse einer hochstehenden, nicht
genannten Dame gerichtete Liebeswerbung. Die Dame hat
dem Dichter — so erfahren wir in dem Liede —, als sie
von ihm Abschied nahm, einen Kuss gegeben; durch diese
Gunst fühlt er sich hochbeglückt. „Meine schöne Herrin",

beginnt er, „um Euretwillen muss ich fröhlich sein, denn beim Abschied gabt Ihr mir einen süssen Kuss, so süss, dass er das Herz mir aus dem Leibe zog; das Herz habt Ihr, Herrin, ich lasse es Euch, mit der Bedingung, dass ich es nie zurückhaben will; denn besser erging es nicht Raoul von Cambrai noch Floris, als er zum Palaste emporstieg, als es mir erging, weil ich treu bin und wahr, meine schöne Herrin" (1—9). Er ist der ihrige mit Leib und Seele, jegliche Mühe, die sie ihm auferlegt, wird ihm angenehm und leicht sein; wird sie nicht die seine, so muss die Sehnsucht ihn töten, sie allein kann ihn retten (10—27). Aber sie möge ihn nicht sterben lassen, er liebt sie ja tausend mal mehr als er sagen kann; sie selbst wird den Schaden haben, wenn sie seine Bitten nicht erhört, je mehr er sie sieht, um so schöner erscheint sie ihm (28—36). Sie ist so reich an Anmut, dass Jeder, der sie erblickt, sich in sie verliebt; durch die Liebe wurde Salomo besiegt, so ist auch ihm geschehen (37—45). Den gleichen Gedanken, in breiterer Ausführung, enthält die Epistel. Der Dichter ist tief betrübt über die Abreise seiner Freundin, die er mehr liebt als alles auf der Welt; sie hat sein Herz gefangen genommen, so dass er keinen anderen Gedanken hat als den, ihr zu dienen. Im Traum weilt sein Geist bei ihr, wie glücklich ist er dann! Wenn er erwacht, möchte er sich die Augen ausreissen, dass sie ihn dieses Glücks berauben. Sein Schicksal, Leben oder Tod, liegt in ihrer Hand; unrecht würde sie handeln, wenn sie seinen Tod wollte (1—38). Er weiss wohl, dass er sich einer grossen Kühnheit schuldig macht, wenn er um ihre Gunst wirbt; aber handelt der nicht thöricht, der seine Leiden dem Arzte nicht klagt, der ihm helfen kann? Darum will er ihr sein Leid klagen: er hat ja kein Herz mehr, sie hat der Herzen zwei, das seine und das ihre; als sie seinen Goldring annahm und ihm dafür ihre Börse gab, da hat sie ihm das Herz aus dem Leibe gezogen und ihn zu ihrem Gefangenen gemacht; schweres Unrecht würde sie begehen, wollte sie ihren Gefangenen tödten — und doch, es wäre der schönste Tod, der je einem Menschen geworden, wenn er um ihretwillen stürbe (39—73). Im Leben und im Tod ist er der ihre, denn ihre Schönheit hat nicht ihres Gleichen unter der Sonne; wenn er ihr Antlitz, das weisser ist als Schnee auf Eis, ihren rothen Mund, ihre schönen lachenden Augen, ihre weisse Stirn und ihre feinen blonden Haare betrachtet, die heller leuchten als lauteres Gold, dann glaubt er im Paradiese zu sein und feiert in seinem Herzen ein Freudenfest. Freilich, wenn er erwägt, wie gering er ist und wie hoch sie über ihm steht, dann muss er wohl in Sorgen leben. Aber ihre vornehme Geburt und ihr Reichthum darf ihm nicht schaden, denn in der Liebe gilt ja hoch und niedrig gleich (74—120). So möge sie ihm denn Gnade beweisen, da er sie mehr liebt als alles. Wenn er Jemanden trifft aus dem Lande, wo sie weilt, dann fragt er ihn aus und bringt ihn auf sie zu sprechen; und dann vermag er sich vor Erregung nicht auf den Füssen zu halten, sondern stürzt zu Boden, so dass er oft deswegen Scham empfindet. Wenn sie doch nur ein wenig von seiner Pein fühlte (121—162). Unter Lachen und Scherzen hat sie ihm eine Falle gestellt und er hat dieselbe nicht bemerkt, bis er gefangen war. Sie hat ihm einmal den Arm um den Hals gelegt und ihm gesagt, er sei der erste, in den sie je verliebt gewesen sei, und solle der letzte sein; ja, wenn sie ihm das nur beweisen wollte! Wenn sie ihn so in der Schwebe lasse, dann würde es ihm ergehen wie Andren von Frankreich, der aus Liebe starb. Aber in der heiligen Schrift steht geschrieben, dass eine Dame, die wissentlich ihren Freund tötet, Gott nicht sehen soll! Darum möge sie Mitleid mit ihm haben (163—207). Er vermag ja Gott um nichts anderes zu bitten, als dass er sie ihm freundlich stimme. Wenn er die Kirche betreten hat, wo andere Sünder Gott um Verzeihung anflehen für ihre Sünden, dann betet er zu ihr, und wenn er denkt, das Vaterunser zu sprechen, dann kommen die Worte über seine Lippen: Herrin, ich bin ganz der eure! So hat sie ihn bethört, dass er Gott und sich selbst vergisst. Aber wenn sie ihn erhören wollte, dann würde all sein Leid in eitel Freude verkehrt werden; denn so gross ist die Macht der Liebe, dass eine Freude. die sie giebt, tausend Leiden vergessen macht, und nur den wird sie beglücken, der zu

2*

dulden versteht. Das muss er besser wissen als alle andern, denn ihm haben in der Stunde seiner Geburt drei Schicksalsschwestern bestimmt, dass er alle Zeit verliebt sein solle; er ist gemacht, um den Frauen zu dienen. „Meiner Herrin ergebe ich mich, meiner Herrin gehöre ich, denn ich bin geboren, um ihren Willen zu thun, und es helfe mir Gott und Gnade zu ihrer Liebe und mein treuer Sinn" (208—254).

Ich halte es, wie gesagt, nicht für unwahrscheinlich, dass diese Epistel sowie Nr. II an die nämliche Adresse gerichtet sind wie Nr. III, in welchem Falle sie, da der Dichter in ihnen noch als Werbender erscheint, einige Zeit vor III, also innerhalb der Jahre 1212 — oder etwas früher — und 1220 verfasst sein müssten; freilich liegt ein einigermassen zwingender Grund für jene Annahme in keiner Weise vor. Vollends nur als möglich möchte ich es bezeichnen, dass auch Nr. I (Gr. 5) und Nr. IV (Gr. 3) dem gleichen Verhältniss ihre Entstehung verdanken könnten.

Nr. I, für dessen Datirung keinerlei Anhaltspunkte vorhanden sind, ist gerichtet an eine Gräfin, der der Dichter aus der Ferne seinen Gruss sendet. Aus Freude über die Geliebte will er ein neues Lied singen; alle seine Gedanken sind bei ihr, darum ist er froh und heiter (1—8). Unlängst hat sie ihn durch ihren Stolz gequält; aber nun hat er reichen Trost gefunden, darum hat er Grund zu lachen und zu singen und zu frohlocken (9—16). Kummer und Sorge verscheucht sie ihm durch ihre Freundlichkeit; schlafend wendet er sich nach ihrem Lande — wie wohl thut es ihm, wenn er den Wind spürt, der von dorther weht (17—32). Er hat seinen Sinn hoch gerichtet; wer ihm früher gesagt hätte, dass solches Gut ihm zu Theil werden könnte, den hätte er für einen Thoren gehalten. Nun möge das Lied zu ihr wandern — wie gern würde er selbst es begleiten und die Freundin aufsuchen (33—48).

Nr. IV, eine Sirventescanzone, ist nach dem 22. Nov. 1220 entstanden, da unter dem Kaiser, an den der Dichter sie sendet, natürlich Kaiser Friedrich zu verstehen ist. Das Lied, das nur vier Strophen umfasst, singt das Lob einer Dame, von der der Dichter bemerkt, dass sie ihm wohl

geneigt sei. Die Tornada enthält einen Preis des Grafen
Otto von Caretto (in Oberitalien, nicht weit vom Meerbusen
von Genua), eines Anhängers des Kaisers, der nach Schultz,
Zeitschr. VII, 195 — wo näheres über ihn — in den Jahren
1179 —1231 nachzuweisen ist; da Folquet seiner auch in
drei anderen Liedern, in Nr. IV, V und VI mit dem höchsten
Lobe gedenkt, so dürfen wir annehmen, dass Otto einer
von seinen Hauptgönnern gewesen ist.

Wer nun die Dame zu Viennois war, an die Nr. III und
also möglicherweise auch Nr. II, XIII, I und IV gerichtet
sind, darüber lässt sich, bei dem Mangel jeglicher festen
Anhaltspunkte, nicht einmal eine Vermutung aufstellen.
An Beatrix, die Tochter des Markgrafen Wilhelm von
Monferrat selbst, welche der Dauphin Andreas von Viennois
nach der im J. 1210 erfolgten Verstossung seiner zweiten
Gemahlin im J. 1220 heiratete — vgl. über sie Schultz,
Briefe des Raimbaut von Vaqueiras S. 121 — kann doch
schwerlich gedacht werden. Dagegen wäre es allerdings
wohl möglich, dass Folquet's Aufenthalt in Viennois und
seine von dort nach Monferrat unternommene Reise mit
der Uebersiedelung der Beatrix im Zusammenhang stünde.

Ende des J. 1220 oder Anfang des J. 1221 muss Folquet wieder in Italien gewesen sein, und zwar muss er
entweder direkt Friedrich's Kaiserkrönung am 22. Nov. 1220
zu Rom beigewohnt oder doch bald nachher sich an seinem
Hofe aufgehalten haben. Es ergiebt sich dies aus der
V. Strophe von Nr. VI (Gr. 6), einem Sirventes, welches,
wie die gleiche Strophe beweist, bald nach der Kaiserkrönung, jedoch, V. 26 zu Folge, nicht mehr an Friedrichs
Hofe, entstanden ist. Das Gedicht gehört, wie unten gezeigt werden wird, zu den *sirventes joglarescs de lauzar
los pros e de blasmar los malvatz*, welche Folquet nach
Angabe der Biographie verfasste; es hat zum wesentlichen
Inhalt einen Appell an die Freigebigkeit des Kaisers. Der
Dichter will sagen, wo *pretz* zu finden sei: *pretz* verweilt
bei den „Höfischen" und verlangt als Nahrung Freude und
Trefflichkeit (*valor*); *pretz* hat der, der unterrichtet, freigebig, edelgesinnt (*franc*), leutselig (*umil*), wohlwollend
(*plazen*) und gemeiner Denkungsart abhold (*ses avoleza*)

ist; aber leider besitzen nicht drei unter 100 Baronen diese
Eigenschaften (1—18). Möchte doch von des Dichters
Freunden nie einer reich werden! denn sein Herr Friedrich,
der jetzt über alle herrscht, war ehedem freigebig, seitdem
er aber reich geworden ist, hält er Land und Habe an
sich: so erzählt jeder, der von seinem Hofe kommt (19—27).
Aber er möge des Sprichwortes eingedenk sein: Wer alles
behalten will, verliert alles, und möge sich wohl hüten,
dass das Rad sich nicht drehe, denn darüber würden alle
seine Feinde frohlocken (28—36). Der Dichter dankt
Gott, dass er Friedrich die Kaiserkrone verliehen hat, jedermann urteilt, dass sie ihm Glück bringen müsse und mit
Recht, denn er selbst ist Zeuge gewesen, mit welcher Liebe
ihm der Markgraf von Este und der Graf von Verona begegnet sind (37—45). So möge er denn seinen Freund —
Folquet — wert halten und ihn alle Zeit reichlich bedenken; er hat ja mehr als irgend ein anderer die Macht,
gutes zu thun; er möge es dem Dichter nicht verübeln,
wenn er ihm offen seine Meinung sage; nur herzliche Liebe
sei es, was ihn dazu bewege (46—59). — Aus diesem Gedichte geht also auch hervor, dass Folquet ehemals von
Friedrich Wohlthaten empfangen hatte, er wird sich mithin wohl zeitweilig an seinem Hofe aufgehalten haben.
Dass er es wagen durfte, demselben mit solcher Offenheit
seine Meinung zu sagen, lässt darauf schliessen, dass er
sich in seiner Gunst sehr sicher gefühlt haben muss.

Gleichfalls nach der Kaiserkrönung, aber vor dem
28. Juni 1228, als dem Tage, an dem Friedrich die
Ueberfahrt nach Palästina antrat, müssen verfasst sein
Nr. V, VII und X, da in ihnen allen von dem bevorstehenden
Kreuzzug des Kaisers die Rede ist. O. Schultz, Zeitschr. VII, 196 setzt diese Gedichte kurz vor 1228 an und
speciell Nr. X, ib. IX, 133, um 1227, „als Friedrich die Vorbereitungen zum Kreuzzug traf". Indessen, da Friedrich
das 1212 abgelegte Kreuzzugsgelübde 1220 bei seiner Kaiserkrönung erneuert hatte und die Vorbereitungen zum Kreuzzug
seitdem nie ganz ruhten, da andrerseits in den in Rede
stehenden Gedichten von dem Kreuzzuge nicht gerade als
einem unmittelbar bevorstehenden die Rede ist, sondern

in V und VII Friedrich nur aufgefordert wird, denselben anzutreten, in X aber nur der Fall gesetzt wird, dass er ihn antrete, — so liegt, denke ich, kein Grund vor, die Gedichte in engere Grenzen als die oben angegebenen einzuschliessen.

Maus, Peire Cardenal's Strophenbau S. 52, behauptet, Nr. VII müsse zwischen dem Juni 1227 (soll offenbar heissen September, s. das folgende) und dem 28. Juli 1228 entstanden sein, indem er unter der „ersten Ueberfahrt" (*primier passatge*), an der nicht Theil genommen zu haben Folquet V. 18 bedauert, die Ueberfahrt des Herzogs Heinrich von Limburg verstanden wissen will, den Friedrich, bevor er selbst am letztgenannten Datum den Kreuzzug antrat, schon im September 1227 mit einer starken Flotte vorausgeschickt hatte. Aber Maus sagt seltsamer Weise nicht, welchen Grund er hat, das *primier passatge* gerade auf diese Expedition zu beziehen und die von Levy, Guilhem Figueira S. 104 darin vermuthete Bezugnahme auf den 3. oder 4. Kreuzzug — nur der letztere kann in Betracht kommen — zu verwerfen. Mir scheint die Auffassung Levy's mindestens ebensowohl zulässig zu sein: wie wir sahen, war Folquet ja ausdrücklich aufgefordert worden, am 4. Kreuzzug Theil zu nehmen; ich sehe deshalb keinen Anlass, von der gegebenen Datierung abzugehen.

Das erste der drei genannten, also zwischen 1220 und 1228 verfassten Gedichte, Nr. V (Gr. 2), ist wieder eine Sirventescanzone. Obgleich er weder Vogelgesang vernimmt noch Blüten sprossen sieht, — beginnt der Dichter — will er doch nicht aufhören zu singen, denn sein ganzes Herz ist voller Freude; das dankt er seiner Geliebten, seitdem sie sein Herz gewonnen hat, ist Freude bei ihm Tag und Nacht (1—11). Ihre Liebe hat ihn süss verwundet, lachend und spielend ist sie ihm in's Herz gedrungen, ganz ist er der ihre — wäre doch auch sie die seine (18—22)! Nie liebte ein Mensch so herzlich und wartete so geduldig auf seinen Lohn (29—32). Er ist schon eifersüchtig, wenn Einer nur mit ihr spricht; schliesslich wird die Sehnsucht ihn noch tödten (36 — 37; 44). Die nun folgenden Sirventesstrophen enthalten eine Aufforderung an den Kaiser,

das Land, „wo Gott geboren wurde", und das heilige Grab
zurückzuerobern, allzu lange schon hätten Sarazenen und
Mauren es in ihrer Gewalt. Daran schliesst sich ein offenbar
wieder an Friedrichs Adresse gerichteter Tadel des Geizes:
„Ein reicher Mann, der niedrigen Sinn hegt, thut wohl an
dem Tage, an dem er stirbt, und es frohlocken über seinen
Tod Kinder und Verwandte, denn lachend theilen sie die
Schätze, die er angehäuft hat" (45—62).

Wer die Dame ist, der Folquet in diesem Liede hul-
digt, das wissen wir nicht; nur soviel lässt sich sagen, dass
sie nicht identisch sein kann mit der in Nr. III besungenen,
indem der Dichter sich dort rühmt, die Gunst der Dame
schon zu besitzen, während er in dem vorliegenden Liede
noch um dieselbe wirbt.

Nr. VII, ein Sirventes, ist in Frankreich, und zwar
höchst wahrscheinlich in Viennois, entstanden, da der Dichter
es über den Mont Cenis an Otto von Caretto sendet. Der
Ton des Liedes ist von dem der bisher besprochenen sehr
verschieden: bittere Klagen über das Elend der Zeit und
den Niedergang höfischer Sitten machen seinen Inhalt aus.
Der Dichter möchte sterben vor Schmerz, wenn er in seinem
Herzen bedenkt, wie höfisches Wesen (*cortezia*) und fröh-
liche Geselligkeit (*solatz*) im Verfall begriffen sind; wer
sich mit Frauendienst abgiebt und heiteren Sinn zur Schau
trägt, wer sich nicht von aller Freude lossagt, den heisst
Jedermann einen Narren (1—10). Die Welt liegt im Argen
und die Geistlichen, die doch das Gute fördern sollten,
sind gar die schlimmsten; so gross ist ihre Bosheit und
Schlechtigkeit, dass sie den Krieg mehr lieben als den
Frieden. Wäre er — Folquet — doch schon bei der
ersten Ueberfahrt (nach Palästina) davon gegangen (11—20)!
In der Seele verhasst sind ihm auch die schlechten Reichen;
durch ihre Habgier und ihre Hinterlist haben sie sich selbst
des Adels entkleidet und so verlieren alle ritterlichen
Tugenden ihren Glanz (21—30). Wäre doch ein Herr da,
der die Macht hätte, ihnen ihren Reichthum und ihre Länder
zu nehmen, und beides den Edeldenkenden zum Erbtheil
übergäbe; könnte man doch die schlechten Reichen weg-
schicken, wie es die Lombarden mit ihrer Podestàs thun

(31—40). Zum Schluss ermahnt der Dichter den Kaiser, den Kreuzzug energisch anzutreten: Wir müssen es Christus danken, was er aus Liebe für uns gelitten hat. Wohl dem, der ihm mit dem Zeichen des Kreuzes dient; seit man ihm sein Erbe geraubt hat, ist die Christenheit der Ehre bar (51—60). In der 2. Tornade wird Otto von Caretto aufgefordert, sich der Kreuzfahrt anzuschliessen und so seinem Ruhme die Krone aufzusetzen.

Gleichfalls in Frankreich, „zwischen dem Meer und der Durence“, ist Nr. X (Gr. 4), der Coblenwechsel mit dem bekannten Trobadorgönner Blacatz, entstanden, an dessen Hofe sich also Folquet wohl damals aufhielt. Folquet fragt den Blacatz, was er zu thun gedenke, wenn der Kaiser die Fahrt nach dem heiligen Lande antrete, ob er an der Kreuzfahrt Theil nehmen oder daheim bleiben werde; die Gräfin von Provence habe unlängst erklärt, er sei aus Liebe zu ihr Sänger. Blacatz entgegnet, er liebe und werde wiedergeliebt, seine Dame könne mit ihm machen, was sie wolle, er ziehe es vor, seine Busse „hier, zwischen dem Meer und der Durence“, nahe bei ihrer Wohnung, abzumachen. — Die Gräfin von Provence ist Beatrix, die Tochter des Grafen Thomas von Savoyen, welche seit dem Dezember 1220 mit Raymund Berengar IV. von Provence (1209—1245) verheiratet war.[1]) Folquet's Bemerkung, er wolle berichten, was Blacatz zu thun gedenke, zusammengenommen mit der Erwähnung eines Ausspruchs, den die Gräfin unlängst gethan habe, lässt vermuthen, dass er, bevor er zu Blacatz kam, sich selbst am Hofe von Provence aufgehalten hatte und dass es eben die Gräfin war, der er über Blacatz' Absichten Bericht erstatten wollte, dass er mithin auch vorhatte, an den Hof von Provence zurückzukehren.

In der gleichen Zeit wie die drei zuletzt besprochenen Gedichte, vermutlich nicht lange vor 1228, ist wohl auch Nr. VIII, ein Kreuzlied, entstanden. Allerdings liegt ein zwingender Grund zu dieser Datierung nicht vor; insofern das Lied ganz allgemein gehalten ist und irgend

---

[1]) Art d. vér. l. dates, nouv. éd. S. 761.

welche specielle Anspielungen gerade auf den Kreuzzug Kaiser Friedrichs sich darin nicht finden, würde
auch nichts im Wege stehen, es auf den Kreuzzug des
Jahres 1202 zu beziehen. Indessen scheint mir Folquet's
Aeusserung V. 3, er habe aus Kummer und Zorn über das
Elend der Christenheit sich lange des Gesanges enthalten,
sowie der ganze tiefernste Ton des Liedes überhaupt, schlecht
zu dem Folquet des Jahres 1201 zu passen, den Hugo
von Berzé glaubte, ermahnen zu müssen, „dass er nicht alle
seine Zeit in Thorheit hinbringe". Diese Erwägung, zu-
sammengehalten mit der Thatsache, dass in den drei anderen
Liedern Folquet's, in denen eines Kreuzzuges Erwähnung
geschieht, es sich überall um den 5. Kreuzzug handelt,
giebt uns, denke ich, das Recht, auf eben diesen auch das
vorliegende Gedicht zu beziehen: Jetzt, da der Frühling
kommt, — beginnt der Dichter —, will er von neuem
seinen Sang anstimmen, denn schon allzu lange ist er
stumm gewesen aus Schmerz und Zorn über den Niedergang der Christenheit (1—8). „Grafen und Könige, Her-
zoge und Fürsten und manchen Baron und manchen Podestà sehe ich Krieg führen aus reinem Eigensinn und die
Starken nehmen den Schwachen ihre Länder; und doch
müssen wir alle sterben, das wissen wir wahrlich, dann
wird ein Jeder sein Erbe verlassen müssen, aber das, was
wir gefehlt und gesündigt haben, werden wir alle am Tage
des Gerichtes vorfinden" (9—16). Dann werden denjenigen,
welche Gott gedient und ihr Blut für ihn vergossen haben,
ungemischte Freuden zu Theil werden, diejenigen aber,
welche sich an ihm verfehlt haben, werden ins höllische
Feuer gestürzt werden (17—24). Dann wird Weinen und
Klagen sein, wenn Gott sagen wird: Gehet, Unselige, in
die Hölle, wo ihr in alle Ewigkeit gepeinigt werden sollt
unter Qual und Schmerzen dafür, dass Ihr nicht glaubtet,
dass ich für Euch gelitten habe; den Tod erduldete ich
für Euch, dessen seid Ihr nicht eingedenk gewesen. Diejenigen aber, welche mit dem Zeichen des Kreuzes gestorben sind, werden antworten können: „Auch wir, o Herr,
sind für Dich gestorben" (25—32). „Wehe, wir Unglücklichen,
wie gross wird unser Schmerz sein, und was werden wir sagen,

wenn wir auf blühendem Gefilde versammelt sein werden und Gott erblicken werden an's Kreuz geheftet für uns Sünder all, in der Seite so kläglich verwundet, mit der Dornenkrone auf dem Haupt. Dann werden wir alle wünschen, dass wir das wahre Kreuz und sein heiliges Grabmal erobert hätten" (33—40).

Ob Folquet etwa selbst an dem Kreuzzug, für den er hier so eindringlich wirbt, Theil genommen hat, darüber haben wir keinerlei Kunde. Ausgeschlossen ist es nicht, wenn auch, im Hinblick auf das vorgerückte Alter, in dem er damals bereits stand, nicht eben wahrscheinlich. In jedem Falle müsste er ins Abendland zurückgekehrt sein, da er, wie wir unten sehen werden, noch zum J. 1233 in Frankreich nachzuweisen ist.

Keinen festen Anhaltspunkt für eine Datierung bieten schliesslich Nr. XI (Gr. 9) und Nr. XII (Gr. 1) — die beiden Coblenwechsel mit Nicolet von Turin und mit dem Grafen von Blandra — sowie Nr. IX (Gr. 10), ein Sirventes moralisch-religiösen Inhaltes.

In Nr. XI bemerkt Folquet dem Nicolet in scherzendem Tone, er habe mit Bedauern gesehen, wie übel es ihm im Kampfe ergangen sei; die Sporen, so habe er sagen hören, hätten ihm bessere Dienste geleistet als die Lanze; Nicolet könne nicht leugnen, dass er Harnisch und Schwert, ohne einen Streich zu thun, einem Diener übergeben habe, er möge sich fragen, ob er durch seine Handlungsweise nicht seiner Geliebten Unehre bereitet habe. Nicolet erwidert, mit den Burgundern sei schlecht Kirschen essen, gleich am Anfang hätten sie ihm das Lachen vertrieben, darum habe er sich schleunigst empfohlen und sich lieber dem tapferen Grafen Gottfried und dem Grafen Hubert angeschlossen. — Nicolet von Turin, von dem uns ausserdem noch ein Coblenwechsel mit Uc von St. Circ (Arch. 34, 411) und eine Tenzone mit Joanet von Albusson (Arch. 33, 297) erhalten sind, blühte nach Schultz, Zeitschr. VII, 215 nach 1225; die Tenzone mit Joanet setzt Schultz in's Jahr 1238. In den beiden von Nicolet genannten Grafen erblickt er wohl mit Recht die Grafen Gottfried und Hubert von Blandrate, von denen der

erstere in den Jahren 1210—47, der letztere in den
Jahren 1246—47 zu recognosciren ist.

Einer von diesen beiden Grafen wäre nach Schultz
auch zu sehen in dem Grafen von Blandra, Folquet's Interlokutor in Nr. XII. Den Inhalt des Coblenwechsels
bildet eine abfällige Beurtheilung einer gewissen, nicht
näher bezeichneten Person, welche die Leute in rücksichts-
loser Weise ausbeute (*tond e pela*) und gut thue, sich
schleunigst nach Hause zu packen. Da aus dem Strophenwechsel nicht hervorgeht, wen die beiden Unterredner im
Auge haben, so besitzt derselbe für uns nur geringes
Interesse.

Nicht sicher datiren lässt sich, wie gesagt, auch Nr. IX.
Immerhin möchte ich daraus, dass der Dichter in dem Liede
von Todesgedanken erfüllt erscheint, den Schluss ziehen,
dass es aus seinen späteren, vielleicht aus seinen letzten
Lebensjahren stammt; ist diese Vermutung richtig, so würde
man vielleicht in dem Mangel eines sonst durch den Inhalt doch so nahe gelegten Hinweises auf einen bevorstehenden Kreuzzug ein Zeichen dafür sehen dürfen, dass
das Gedicht erst nach dem Jahre 1228 entstanden ist.

Wenn er recht nachdenke, meint der Dichter, so müsse
er sagen, dass alles eitel sei ausser Gott allein. All unsern
irdischen Besitz müssen wir verlassen, aller Reichthum dieser
Welt ist vergänglich. Darum sei der Mensch gottesfürchtig
und ohne Falsch, ein Jeder ist ja hienieden nur ein Wanderer
(1—9). Seit dem Augenblicke seiner Geburt ist der Mensch
auf der Reise wie ein Pilger und es ist eine ernste Sache
um diese Reise, denn Jeder eilt mit raschen Schritten dem
Tode entgegen, vor dem ihn nicht Gold noch Silber retten
kann (10—16). Ein Thor, wer sich nicht darauf besinnt,
von wannen er kommt und wohin er geht! Wer in seinem
Leben nicht gutes thut, dessen Seele wird dereinst dem
ewigen Tode verfallen (19—27). Darum sieh zu, was du
treibst, so lange es noch Zeit ist! Plötzlich kann der Tod
an den Menschen herantreten. Thue gutes so lange du
kannst (28—33). Keiner, er sei wer er auch sei, kann
dem Tode entgehen; keiner ist ein so geübter Fechter,
dass er sich gegen die Streiche des Todes zu decken ver-

möchte (37—45). Der Dichter weiss nur einen Rat: Dass
der Mensch darauf bedacht sei, Gott zu dienen und sich
vor Fehltritten hüte, so lange er dem Tode entgegen geht;
auch wir werden ja in den Hafen gelangen, in den alle,
selbst die Könige und die Kaiser, mit Schmerzen einlaufen;
dort werden wir vorfinden alles, was wir gutes und schlechtes
hienieden gethan haben (46—54). Möge Gott uns die
Gnade erweisen, dass er uns vor dem Tode bewahre, bis
wir seinen Willen gethan haben (55—58).

Von den Gedichten Folquet's, welche eine sichere
Datierung zulassen, ist keines nach dem J. 1228 entstanden;
dass unser Dichter aber noch im J. 1233 am Leben war,
ergiebt sich aus vier aus diesem Jahre stammenden Urkunden, in denen er, wie zuerst Schultz, Zeitschrift
IX, 133 bemerkt hat, als Zeuge auftritt.[1]) Daraus, dass
die beiden ersten dieser Urkunden, ausgestellt zu Avignon
am 29. März und am 24. April 1233, beide Bezug haben
auf den Grafen Raymund Berengar von Provence, dürfen
wir wohl den Schluss ziehen, dass Folquet sich damals
wieder an dem Hofe von Provence aufhielt, an dem er ja,
wie wir oben bei Besprechung des Coblenwechsels mit
Blacatz sahen, schon vor dem J. 1228 geweilt hatte. Die
beiden anderen Urkunden sind ausgestellt am 18. Mai zu
Aix und Marseille und enthalten Erlasse des Kaisers
Friedrich, beziehungsweise seines Nuntius, an Geistlichkeit
und Adel von Burgund sowie an die Stadt Marseille.

---

[1]) Papon, Histoire de Provence, pr. nr. 55, 56, 57, 58; nr. 55
und 58 auch bei Winkelmann, Acta Imperii, I, S. 505 und 509.
In nr. 55 schwört Graf Wilhelm von Forcalquier vor dem kaiser-
lichen Nuntius in seinem Namen und in dem des Grafen von
Toulouse und ihrer Freunde, dass sie sich in ihrem Streite mit
dem Grafen Raymund Berengar von Provence und mit Arles dem
Spruche des Kaisers oder seines Nuntius unterwerfen wollen.
nr. 56 hat zum Gegenstand das Versprechen des Grafen Raymund
von Toulouse, sich hinsichtlich der Beendigung seiner Fehde mit
dem Grafen Raymund Berengar von Provence der Entscheidung
des Kaisers oder seines Gesandten fügen zu wollen. Die 3. Ur-
kunde betrifft die Berufung der Geistlichkeit und des Adels des
Königreiches Burgund behufs Einziehung des Heerbannes. In
nr. 58 endlich setzt der kaiserliche Missus der Stadt Marseille
einen Termin zur Annahme seiner Friedensstiftung.

Mit Folquet zusammen werden in den Urkunden genannt dreimal der Trobador Bertran von Avignon, von dem wir eine Tenzone mit Raimon de las Salas und einen 1218 oder Anfang 1219 entstandenen Coblenwechsel mit Gui von Cavaillon besitzen (der Coblenwechsel hat die gleiche metrische Form wie Folquet's Lied Nr. II; vgl. über Bertran Schultz, Zeitschr. IX, 126) sowie ein Willelmus Angerius, in dem wir wohl den Landsmann unseres Dichters, den gleichfalls aus Viennois gebürtigen Joglar Guilhem Augier erblicken dürfen; Folquet hat also in jedem Falle die persönliche Bekanntschaft der beiden gemacht, vielleicht hat er in näherem Verkehr mit ihnen gestanden.[1]

Aus dem Umstande, dass unser Dichter nach dem Jahre 1220, beziehungsweise 1221, in Italien nicht mehr, wohl aber noch dreimal — Nr. VII, 66, Nr. X, 27 und in den eben erwähnten Urkunden — in Frankreich nachzuweisen ist, dürfen wir vielleicht den Schluss ziehen, dass er nach jenen Jahren Italien, wo der Markgraf Wilhelm und Kaiser Friedrich es ihm an der nötigen Liberalität fehlen liessen, überhaupt den Rücken gekehrt und den Rest seines Lebens in seiner Heimat Viennois und in der Provence verbracht hat.

Ueber das Jahr 1233 hinaus vermögen wir Folquet nicht zu verfolgen; wann er gestorben ist, wissen wir nicht, doch dürfen wir, falls seine Geburtszeit oben richtig angesetzt wurde, annehmen, dass er die Mitte des Jahrhunderts nicht überlebt hat.

Soviel über Folquet's äusseren Lebensgang und den zu ihm mehrfach in Beziehung stehenden Inhalt seiner Gedichte. Von seiner Persönlichkeit vermögen wir uns auf Grund des Gesagten wohl einen ungefähren Begriff zu machen. Wie wir sahen, rühmt die provenzalische Lebensnachricht von ihm, „er habe es gut verstanden, sich an den Höfen zu bewegen, sei sehr munter und unterhaltend

---

[1] Der gleichfalls in den Urkunden erwähnte Giraudus Amicus ist wohl identisch mit dem bei Guilhem von Montanhagol (Gr. 225, 1 (Bartsch, Denkm. S. 50) im Geleite angeredeten, zu den Jahren 1222 und 1244 zu rekognoscierenden Guiraut Amic, von dem Schultz, Zeitschr. XV, 233 handelt.

und wohl angesehen in der guten Gesellschaft gewesen" (die provenzalischen Ausdrücke lauten: *prezenticrs en cort, de gran solatz* und *ben onratz entre la bona gen*). Was wir nun aus den Strophen Hugo's sowie aus Folquet's eigenen Gedichten entnehmen können, das scheint durchaus geeignet, diesen Angaben zur Bestätigung zu dienen. Wenn zunächst ein vornehmer Herr, wie Hugo von Berzé es war, Folquet, den einfachen bürgerlichen Joglar, einer so herzlichen Freundschaft würdigte, wie sie aus jenen Strophen unverkennbar spricht, dann dürfen wir daraus wohl den Schluss ziehen, dass dieser nicht ein Joglar gewöhnlichen Schlages gewesen sein kann, sondern empfehlende persönliche Eigenschaften besessen haben muss, welche ihn aus dem grossen Tross seiner Standesgenossen heraushoben, dass er sich im besonderen eine feinere höfische Bildung angeeignet hatte, vermöge derer er sich in den vornehmen Kreisen, denen Hugo angehörte, wohl sehen lassen konnte. Eben dafür spricht des weiteren doch wohl auch der Umstand, dass er allem Anschein nach bei den Frauen wohlgelitten war. Wenigstens finden sich Klagen über den Stolz und die Gleichgültigkeit der Dame, wie sie ja bei den Trobadors so häufig sind und wie sie z. B. in ermüdender Eintönigkeit den fast ausschliesslichen Inhalt der Lieder seines berühmten Namensvetters, des späteren Ketzerrichters Folquet von Marselha ausmachen, in den uns erhaltenen Gedichten Folquet's nicht, aus allen — Nr. V ausgenommen — geht vielmehr deutlich hervor, dass die Neigung des Dichters nicht unerwidert geblieben war und in der Epistel hören wir ausdrücklich, dass eine Dame von hohem Stande ihn ihrer Gunst versichert hatte; allerdings ist nicht ausser Acht zu lassen, dass möglicherweise alle die in Rede stehenden Gedichte dem gleichen Verhältniss ihre Entstehung verdanken könnten. Eine Bestätigung für die Angaben der Biographie darf des weiteren eventuell auch darin gesehen werden, dass die Zahl seiner vornehmen Gönner nicht gering gewesen zu sein scheint — wenn anders wir nämlich alle jene Grossen als seine Gönner betrachten dürfen, welche er in seinen Liedern preist oder doch rühmend erwähnt; es sind dies: der Markgraf Bonifaz von Monferrat (III, 37), sein Sohn Wilhelm IV. (III, 28) — welcher freilich andrerseits wegen seines Geizes getadelt wird —, Kaiser Friedrich II. selbst (IV, 26; VI passim), — welcher sich den gleichen Tadel gefallen lassen muss —, der Markgraf Otto von Caretto (IV, 34; V, 63; VI, 60) sowie einer der beiden Markgrafen von Malaspina (Wilhelm oder Conrad I; III, 46); vielleicht sind ihnen ausserdem noch Raymund Berengar von Provence und Blacatz beizuzählen, an deren Hof sich Folquet wenigstens, wie wir sahen, vermuthlich aufgehalten hat. Wenn schliesslich die Lebensnachricht unserem Dichter besonders *gran solatz* nachrühmt, so stimmt das einerseits zu einer Bemerkung Peire Vidal's (ed. Bartsch 27, 70), wonach *gai solatz* vornehmlich den Bewohnern von Viennois, Folquet's Heimat, eigen gewesen wäre, andrerseits zu dem Inhalt seiner Gedichte; denn aus der Mehrzahl derselben spricht ein frischer, heiterer, lebensfroher Sinn, gelegentlich, in den Coblenwechseln mit Blacatz und mit Nicolet von Turin, macht sich eine Neigung zu Scherz und Neckerei geltend, und ein liebenswürdig-schalkhafter Zug geht vor allem durch die Epistel. Dass es freilich auch Zeiten gab, wo all seine Heiterkeit den Dichter verlassen hatte, ja wo jegliche Freude am Leben ihm geschwunden war, das beweisen die beiden Sirventese Nr. VII und VIII, in denen er sich in bitteren Klagen ergeht über den Verfall höfischen Wesens und die unablässigen zwecklosen Kriege der Grossen. Beide Lieder legen zugleich Zeugniss ab von dem ernsten, religiösen Geist, der in dem Dichter lebte; noch stärker ausgeprägt erscheint dieser in dem Sirventes Nr. IX, in dem er, wohl selbst bereits von Todesahnungen erfüllt, unter Hinweis auf die Kürze des menschlichen Lebens und die Vergänglichkeit alles Irdischen, zu einem Gott wohlgefälligen Wandel mit eindringlichen Worten mahnt.

Auf den Grad von Folquet's dichterischer Produktivität gestattet natürlich die Zahl seiner uns in den Handschriften überlieferten Gedichte einen Schluss nicht. Denn es kann keinem Zweifel unterliegen, dass nur ein Theil, — vermuthlich nur ein geringer Bruchtheil — seiner poetischen Erzeugnisse auf uns gekommen ist. Einmal nämlich hören wir in der provenzalischen Lebensnachricht, dass er Joglar-Sirventese verfasst hat, während uns doch nur ein Sirventes erhalten ist, dem, wie unten gezeigt werden wird, dieser Name zuzukommen scheint; sodann kann die ebendaselbst sich findende Angabe, er habe gute Coblen gedichtet, sich doch schwerlich nur auf die uns überlieferten drei Coblenwechsel stützen; endlich ist es an sich nicht glaublich, dass er, der sich allem Anschein nach viel an den Höfen der Grossen aufgehalten hat und als Joglar darauf angewiesen war, sich durch seine Kunst seinen Lebensunterhalt zu verdienen, den Trieb zu eigener dichterischer Produktion so selten empfunden haben sollte, wie es der Fall gewesen sein müsste, wenn sein geringer auf uns gekommener poetischer Nachlass die Gesammtheit oder auch nur den Hauptteil seiner poetischen Erzeugnisse darstellen würde. Wir werden somit annehmen dürfen, dass die meisten seiner Sachen eine weite Verbreitung nicht gefunden haben und uns deshalb verloren gegangen sind.

Was den ästhetischen Werth von Folquet's Gedichten betrifft, so zeichnen dieselben sich zwar in keiner Weise durch eine besondere Originalität noch auch durch Reichthum und Schwung der Gedanken oder eine ungewöhnlich kunstvolle Behandlung der Form aus, wohl aber muss ihnen allen Wahrheit und Innigkeit der Empfindung, Frische und Unmittelbarkeit des Ausdrucks nachgerühmt werden. Es ist durchweg unverkennbar, dass der Dichter nicht etwa Worte macht, dass er sich nicht in leeren Redensarten ergeht und es ihm auch nicht darum zu thun ist, durch neue Einfälle, sinnreiche Wendungen, ungewohnte Bilder Aufsehen zu erregen, vielmehr empfangen wir überall den Eindruck, dass, was er sagt, ihm von Herzen kommt, dass er dichtet aus wirklichem inneren Drang; seine Poesie trägt, obwohl sie sich im allgemeinen der conventionellen Formeln bedient, doch kein conventionelles, sondern ein durchaus persönliches Gepräge. Eine schöne Wärme und Innigkeit atmen besonders Nr. II[1]) und die Epistel, beide Stücke dürften

---

[1]) Ich verstehe nicht, wie Émeric David, Hist. litt. XVIII, 621, Angesichts dieses Liedes über Folquet das Urtheil fällen

wohl dem besten, was die provenzalische Lyrik uns hinterlassen hat, angereiht werden. Nüchterne, verstandesmässige Reflexion, subtile Gefühlsdialektik liegt Folquet ebenso fern, wie hohler rhetorischer Prunk. Seine Gedichte treten sowohl hinsichtlich der Form als hinsichtlich des Inhalts einfach und anspruchslos auf, sie unterscheiden sich in dieser Beziehung vorteilhaft von denen mancher anderen Trobadors, bei denen eine raffinirte Technik den Mangel wahrer Empfindung ersetzen muss; sie scheinen rasch und mühelos hervorgebracht, besonders die Epistel zeichnet sich durch einen ungemein leichten, flüssigen Stil aus. Vor der Verirrung der sogenannten dunklen Manier hat den Dichter, soweit wir urteilen können, sein gesunder poetischer Instinkt bewahrt und auch metrischen Künsteleien zeigt er sich durchaus abhold. Von seinen 9 uns erhaltenen Liedern sind nur 3 in der bei den Trobadors gebräuchlichsten Form der *coblas unisonans* abgefasst, d. h. mit gleichen Reimen durch alle Strophen hindurch, eines zeigt *coblas doblas* d. h. Reimwechsel von 2 zu 2 Strophen, die übrigen 3, also fast die Hälfte, weisen die einfachste Form, die im Provenzalischen so seltene Form der *coblas singulars* d. h. Reimwechsel von Strophe zu Strophe, auf; ausserdem sind die Reime, die Folquet verwendet, ausschliesslich leichte, und von den bei den Trobadors so beliebten Reimspielereien begegnet bei ihm einzig und allein zweimal die Verwendung des Refränreims (in Nr. IV *be*, in Nr. V *cor . . mor*). Dass ihm darum doch der Sinn für Wohlklang und die Bedeutung der Form keineswegs abging, das zeigt der leichte gefällige Rhythmus von Nr. I und V sowie das Versmass von Nr. II, welches mit seiner 8 maligen Wiederholung des nämlichen Reims das leidenschaftlich drängende des Inhaltes gleichsam zu versinnlichen scheint.

Alles in allem ist der Eindruck, welchen Folquet's Gedichte in uns hinterlassen, entschieden ein erfreulicher. Können dieselben auch nicht eben als b e d e u t e n d bezeichnet werden, so tragen sie doch durchaus den Stempel der Blüte-

---

kann: „Esprit chagrin et un peu froid, Folquet de Romans ne montre pas beaucoup plus de chaleur dans ses chansons d'amour que dans ses sirventes."

periode der provenzalischen Lyrik und ihr Verfasser darf wohl darauf Anspruch erheben, unter den Dichtern jener sangesfrohen Zeit mit Ehren genannt zu werden.

III.

Es erübrigt noch zu untersuchen, welche Art von Sirventesen mit den Joglar-Sirventesen, den *sirventes joglarescs de lauzar los pros e de blasmar los malvatz* gemeint ist, die Folquet nach Angabe der Biographie verfasst hat.

Der Ausdruck findet sich in der provenzalischen Litteratur nur noch zweimal, nämlich in der Biographie des Augier (erhalten in IK) Chabaneau, Biographies des Troubadours S. 88:

Ogiers si fo un joglars de Vianes . . . e fez sirventes joglarescs que lauzava'ls uns e blasmava los autres,

sowie in der Biographie des Peire Guillem von Toulouse (erhalten gleichfalls in IK), Chabaneau S. 76:

Peire Guillems si fo de Tolosa . . . e fez sirventes joglarescs e de blasmar los baros . . .

F. Witthoeft in seiner Abhandlung: Sirventes Joglaresc, Ausg. und Abh. LXXXVIII, hat sich nun bemüht, darzuthun, es sei unter einem *sirventes joglaresc* zu verstehen ein Sirventes, das „im Interesse eines Joglars verfasst sei:" Spielleute, deren Repertoire erschöpft war, hätten wohl berühmte Trobadors angesprochen, ihnen durch ein neues Lied zu einer Einnahme zu verhelfen; diese hätten dem Ansuchen oft willfahrt und hätten dann in einem Liede entweder den Bittsteller der Gunst ihnen bekannter Gönner der Dichtkunst empfohlen, oder auch denselben zur Zielscheibe ihres witzigen Spottes gemacht, was letzteren nicht verhindert habe, das Lied zu fremdem Ergötzen selbst vorzutragen. Als *sirventes joglaresc* wären mithin zu betrachten Guiraut von Bornelh's: *Cardalhac, per un sirventes,* Bertran von Born's: *Fulheta, vos mi preiatz que ieu chan* und *Fulheta ges autres vergier* und ähnliche Gedichte. Diese Ansicht Witthoeft's hat die Zustimmung Jeanroy's Rev. des Pyrénées 1893, S. 14 gefunden, und auch Stimming, Gröbers Grundriss II, 2, S. 23, ders., Bertran v. Born[2], S. 46, und

3*

Kolsen, Guiraut von Bornelh, Berlin 1894, S. 14 gebrauchen den Ausdruck in dem von Witthoeft vorgeschlagenen Sinn. Dass W.'s Ansicht indessen nicht haltbar ist, hat m. E. schon O. Schultz in seiner Besprechung der genannten Arbeit Littbl. f. germ. u. rom. Phil. 1891, Sp. 237 mit vollkommen ausreichenden Gründen gezeigt. Schultz weist einmal darauf hin, dass uns von keinem der drei in Rede stehenden Dichter solche Sirventese, wie sie Witthoeft im Auge hat, erhalten seien, und dann — und dieser Grund ist m. E. ausschlaggebend —, dass ja zwei von denselben, Folquet und Augier, in der Biographie selbst als Joglars bezeichnet werden, es mithin nicht einzusehen sei, wie dieselben solche Gedichte hätten verfassen können. Die Erklärung nun, welche Schultz selbst von dem Ausdruck gibt, trifft sicher das Richtige, nur bedarf sie, wie mir scheint, einer Modifikation. Ausgehend von der Biographie des Peire Guillem von Toulouse, in der er das *e* vor *de blasmar* als sinnlos streicht, nimmt Schultz an, *sirventes joglaresc* seien Sirventese gewesen, nicht für Joglars, sondern Sirventese, wie sie Joglars zu verfassen pflegten, Sirventese, in denen die Barone, die nicht freigebig genug waren, geschmäht wurden. Die ursprüngliche Bedeutung von *sirventes joglaresc* sei also „Schmähgedicht", die in den Biographieen Folquet's und Augier's gegebenen Definitionen stellten „eine abgelenkte, sich mit dem Namen nicht mehr ganz deckende Auffassung" dar. Schultz macht darauf aufmerksam, dass ein Sirventes von Augier, Gr. 37, 3, in der That Schmähungen auf die *flac ric* und im besonderen auch auf die Barone enthalte, und dass ebenso in dem Sirventese Gr. 205, 6, dessen Verfasser Guillem Augier bekanntlich aller Wahrscheinlichkeit nach mit dem Joglar Augier identisch ist, die geizigen Reichen, die *malvatz baros recrezens*, getadelt werden. Ich bin nun mit Schultz'ens Auffassung des Ausdrucks *joglaresc*, insofern er ihm die Bedeutung „nach Spielmannsart" beilegt, vollkommen einverstanden und ich glaube auch, dass die angeführten beiden Gedichte solche *sirventes joglaresc* im Sinne des Biographen sind. Dagegen kann ich Schultz nicht beistimmen, wenn er annimmt, man habe im provenzalischen mit dem in Rede stehenden Aus-

druck jemals den Begriff „Schmähgedicht" verbunden. Ich
bin nämlich der Ansicht, dass *sirventes joglaresc* als terminus technicus für eine bestimmte Gattung von Sirventesen
im provenzalischen überhaupt nicht gebräuchlich gewesen
ist. Zu dieser Annahme wären wir meines Erachtens nur
dann berechtigt, wenn sich *sirventes joglaresc* auch allein,
ohne nähere Bestimmung, gebraucht fände; das ist aber, wie
wir sahen, nicht der Fall, vielmehr hält in allen drei
Lebensnachrichten der Biograph es für notwendig, noch
in einem Zusatz zu erklären, welche Art von Sirventesen
er eigentlich im Auge hat. Dass der Ausdruck überhaupt
von verschiedenen Autoren gebraucht worden sei, scheint
mir keineswegs fest zu stehen. Erwägt man die nahe
Uebereinstimmung des Ausdrucks in den drei Biographieen,
erwägt man ferner die Thatsache, dass Folquet sowohl als
Augier aus Vianes stammen, sowie, dass alle drei Biographieen
in den Handschriften I K, nur die Folquet's ausserdem noch
in dem mit I K nahe verwandten A und in H, erhalten
sind, so scheint mir der Gedanke nicht zu fern zu liegen,
es möchten alle drei von demselben Verfasser stammen,
der sich den Ausdruck vielleicht selbst gebildet und zur
Charakterisierung der gleichen Art von Gedichten mehr-
mals verwandt hat. Doch gesetzt auch, es hätten sich ver-
schiedene Autoren desselben bedient, so liegt doch kein
Grund vor, in dem *joglaresc* etwas anderes zu sehen als
ein von jedem einzelnen selbständig gewähltes Prädikat,
durch welches von den im Folgenden bezüglich ihres
Inhalts näher charakterisierten Sirventesen ausgesagt wird,
dass eben Joglars solche zu verfassen pflegten. Dann
handelt es sich also nicht mehr darum, eine im allgemeinen
gültige Definition von *sirventes joglaresc* zu gewinnen, es
kann auch nicht mehr von einer „ursprünglichen" und einer
„abgeleiteten" Bedeutung des Ausdrucks die Rede sein, sondern es handelt sich einfach um eine Definition von Fall zu
Fall. Es kann nun allerdings, wie mir scheint, keinem Zweifel
unterliegen, dass in allen drei Fällen genau die gleiche Art
von Sirventesen gemeint ist. Nach Angabe der Biographieen
waren die Sirventese „nach Spielmannsart", die Augier und
Folquet verfassten, solche in denen die Einen, die Edlen

(los pros), gelobt, die Andern, die Schlechten *(los malvatz)*, getadelt wurden, in den Sirventesen des Peire Guillem wurden „die Barone getadelt". Die Edlen sind, wie ich mit Schultz annehme, vom Standpunkt des Joglars aus natürlich die Freigebigen, die Schlechten die Kargen. Gemeint sind also in den Biographieen Augier's und Folquet's Sirventese, in denen die freigebigen Herren gelobt und die kargen getadelt wurden. Liegt es nun auch in der Natur der Sache, dass Lob und Tadel oft Hand in Hand gegangen sein werden, so ist doch durch jene Definition in keiner Weise ausgesprochen, dass das immer der Fall war, vielmehr können von den betreffenden Gedichten sehr wohl die einen ausschliesslich L o b, die anderen ausschliesslich T a d e l enthalten haben. Insofern bilden also die dem P. Guillem zugeschriebenen S c h m ä h g e d i c h t e auf die Barone d. h. auf die kargen Barone nur eine Unterart der in den Biographieen Augier's und Folquet's als *joglaresc* bezeichneten Gattung von Sirventesen und es ist nicht der mindeste Grund vorhanden zu der Annahme, dass die Verfasser jener Biographieen unter *sirventes joglaresc* irgendwie eine andere Art von Sirventesen verstanden haben sollten als der Verfasser der Biographie Peire Guillem's. Da übrigens in letzterer die handschriftliche Lesart *sirventes joglaresc e de blasmar los baros* doch einmal keinen Sinn giebt, so scheint mir im Hinblick auf die Fassung der beiden anderen Biographieen die Annahme, dass vor dem *e* ein dem *de lauzar los pros*, bezw. *que lauzava·ls uns* entsprechender Ausdruck, etwa *de lauzar*, ausgefallen sei, ebensoviel Wahrscheinlichkeit zu haben wie die Annahme Schultz'ens, es sei *e* fälschlich eingeführt worden, — in welchem Fall also die Uebereinstimmung zwischen den Definitionen der drei Biographieen eine vollkommene sein würde.

Es spricht nun, was Folquet betrifft, für diese Auffassung des Ausdrucks *sirventes joglaresc*, dass in der That eines seiner Sirventese, nämlich Nr. VI, zum wesentlichen Inhalt ein Lob der Freigebigkeit und einen Tadel der Kargheit hat, indem der Dichter darin als eine der Haupteigenschaften des Mannes, der auf *pretz* Anspruch machen wolle, die *largueza* bezeichnet und Kaiser Friedrich wegen seines Geizes tadelt. Dieses Sirventes wäre also m. E. als ein *sirventes joglaresc* im Sinne des Biographen zu betrachten. Das nämliche Thema wird von Folquet auch in Nr. III, V, VII angeschlagen — Nr. VII insbesondere enthält heftige Schmähungen auf die *ric malvat,* — doch können die genannten Gedichte, weil auch von andern Gegenständen handelnd, wohl nicht als *sirventes joglaresc* bezeichnet werden. Eben der Umstand aber, dass Folquet wiederholt auf das Thema zurückkommt, macht es wahrscheinlich, dass er dasselbe in andern uns verloren gegangenen Sirventesen ausschliesslich behandelt hatte, welche der Biograph denn bei seiner Angabe im Auge gehabt haben wird.

Ich bin also der Meinung, dass als *joglaresc* in den Biographieen bezeichnet werden Sirventese nach Spielmannsart und zwar sowohl Sirventese welche Lob der Freigebigkeit und Tadel des Geizes vereinigt, als auch solche, welche nur eines von beiden, entweder Lob oder Tadel enthielten. Mir scheint diese Auffassung bei unbefangener Prüfung der Thatsachen die einzig mögliche zu sein und kaum einen Zweifel zuzulassen; als terminus technicus für Sirventese, die für Joglars bestimmt waren, wird man den Ausdruck *sirventes joglaresc* mithin zu streichen haben.

Gedichte.

Die provenzalische Lebensnachricht.

Handschriften: A 210, I 189, K, II 51; gedruckt Rayn. V, 152; Parn. Occ. 121; Arch. 34, 405 (II); Mahn, Biogr. 72; Chabaneau, Biogr. d. Tr. 94; Studj di fil. rom. III, 650 (A); ib. V, 519 (II).

Folquet de Romans si fo de Vianes, d'un borc que a nom Romans. Bons joglars fo e prezenticrs en cort e de gran solatz; e fo ben onratz entre la bona gen. E fetz sirventes joglareses de lauzar los pros e de blasmar los malvatz. E fetz molt bonas coblas. 5

---

1 Folqetz A II — rotmans II I — 2 rotmans II I — e fo b. jogl. A — cortz K — 3 las bonas g . A — 5 E bis coblas fehlt K.

Canzonen und Sirventes-Canzonen.

I.

Gr. 156, 5.

(Vergl. S. 20)
Handschrift C 228. Gedruckt bei Appel, Prov. Inedita S. 98.

I. Jeu no mudaria
qu'un vers novel no comens
pel ioi de m'amia
qu'es pros e conhd' e valens;
ab licis estai, on que sia,   5
totz mos *sens*;
entendens
en sui e gais e jauzens.

II. Non a gair' enquera
qu'us. orguelhs m'avia mort;   10
mas trobat n'ai era
ric cosselh, que·m n'a estort
e trag del peril ont era,
a dreg port;
be·m vai fort,   15
qu'ieu ri e·m chant e·m deport.

III. Erguelh ni pezansa
non ai, s'aver non o dei,
quar tan luenh mi lansa
la bella a cui m'autrei,   20

---

6 sens] pessamens; die Conjektur rührt von Appel her. —
16 e·m ch.

quar amistat ni semblansa
qu'ela fei
endreg mei
non es qu'al cor no·m estei.

IV.   Si nonqua·m remire   25
     de midons son bellh cors gen,
     de lieis mi cossire
     c·n estau en pessamen;
     que ves son pais me vire
     en durmen,   30
     contra·l ven;
     tam bo mi sap, quant ieu·l sen.

V.   El sobran estatge,
     lai on sos gens cors fis es,
     ai mes mon coratge,   35
     de sai li·n refier merces;
     be m'o tengra a folhatge,
     qui·m disses
     qu'aitals bes
     esdevenir m'en pogues.   40

VI.   Aras vai ta via,
     que tot mon cor saps, chansos!
     mas petit m'embria
     quar no lai anam abdos,
     lai on mos cors diria   45
     qu'a rescos
     ab licis fos
     lo sieus amics fis e bos.

VII.   Comtessa francha e corteza,
     largua e pros,   50
     mas chansos
     fauc, e sian lai ab vos.

---

22 qelam fezes. — 25 non quan. — 33 sobeiran. —
41 uey.

II.

Gr. 156, 8.

(Vergl. S. 17 ff.)

Handschriften: P 28, S 162, c 16; gedruckt Arch. 33, 309 (P),
danach Str. I Raoul de Cambrai ed. Meyer und Longnon, Paris
1882 S. L. — Orthographie nach P.

I. Ma bella domna, per vos dei esser gais,
c'al departir me dones un dolz bais,
tan dolzamen, lo cor del cors me trais;
lo cor avez, domna, qu'eu lo vos lais
per tal coven qu'eu no·l volh cobrar mais;   5
que melh non pres a Raol de Cambrais
ne a Flori, can poget el palais,
com fez a mi, car soi fins e verais,
ma bella domna.

II. Ma bella domna, a vos me valha deus,   10
que mill aitanz soi melh vostre que meus,
obedient plus que serf ni judeus,
e de vos teng mon aloc e mos feus,
e null trabalh no me pot esser greus,
sol c'a vos plaza, anz m'es plasenz e leus,   15
e morrai tot aissi com fes n'Andreus,
e volgra mais qu'agues mort vint romeus,
ma bella domna.

III. Ma bella domna, ja vos am eu tan fort,
se no vos ai, venguz soi a mal port,   20
qu'eu ai ben vist e coneguz en sort
qu'en breu de temps m'auran li sospir mort,
se eu ab vos en chambra no·m deport;
ha, dolza res, vostre cor s'i acort

---

1 P durchweg dompna. — 6 a mol de c. c — cambras S
— 7 ni c.

10 ma bella domna wird in allen 3 Handschriften nur am
Schluss jeder Strophe wiederholt, nicht am Anfang der folgenden,
wo es aber durch das Versmass gefordert wird. — vallia c —
die Handschriften haben im Reim alle die Formen ohne s: deu,
meu, indeu etc. — 11 son c — 13 mon feu P S c — 14 non p. c
— 17 ualgra S.

22 maura P — sorspir P — 23 a v. P S — non c.

que ren sen vos no me pot dar conort;   25
s'enaissi mor, pechat n'aurez e tort,
ma bella domna.

IV. Ma bella domna, no me laissaz morir,
    que mill aitant vos am qu'eu no sai dir,
    que nulla ren non am tan ne desir   30
    com eu faz vos per cui plang e sospir,
    lo danz er vostre, s'enaissi'm faz languir;
    can plus vos vei, mas vos ve enbelir,
    nafrat m'avez, no sai tant d'eschermir,
    ab dolz esgart et ab genz acolhir,   ·   35
    ma bella domna.

V. Ma bella domna, de vos soi enveios;
    sabez per que? car es valens e pros
    e ges parlant e d'avinent respos;
    c'om no vos ve que non si' amoros,   40
    que deus vos det cors ab bellas faichos,
    e ja no'us pes, s'en soi un paoc gelos,
    que per amor fu vencuz Salamos,
    aissi soi eu, cortesa res, per vos,
    ma bella domna.   45

III.

Gr. 156, 14.
(Vergl. S. 16 ff.)

Handschriften: C 228, E 132, R 15, T 182. V. 28—45 sind
gedruckt und übersetzt bei Diez, L. u. W.[2] S. 453; das ganze
ist kritisch herausgegeben nach sämmtlichen Handschriften von
Appel, Prov. Ined. S. 100.

    I. Una chanso sirventes
        a ma dona trametrai,
        qu'anc pueis d'alre non pensai,

---

25 poi P S e — 26 pechaz P S — 34 del scrimir P S.

40, 41 com no uos ue de cors ad bellas faichos P — 40 qanc
on qe non si amoros e — 41 de cors S e — bella e — 42 sem
P — 43 e p. a. e.

E 3 bis 12 durch Ausschneiden verstümmelt; es fehlt: 1 (p)ueys
— 5 mas — 6 (d)el dia — 8 (to)ste — 9 no sia — 11 la plus — 12 vos.
= 1 sirventes e. R. — 3 p.] pus eys C — d' fehlt T — pens sai C.

pus parti de Vianes,
mas de sa beutat complia;   5
qu'ades mi soven del dia
qu'ella·m dis: „belhs dous amics,
vai tost, e guarda no·t tries,
si vols que morta no sia".

II. Senhors, e no·m n'es ben pres,   10
quar la plus belha qu'ieu sai
m'a dig so que dig vos ai?
jamais no·m devede res,
qu'ab lieis ai tot quan volia
d'amor e de drudaria,   15
malgrat de mos enemics;
anc no fo de ioi tan rics
Floris, quan jac ab s'amia.

III. Per gent servir ai conques
de midons tot quan mi plai;   20
e quar m'i trobet verai,
mi det mais que no·m promes,
e·m tornet el cor la via;
anc no m'i noc gelosia
ni fals lauzengiers enics,   25
que n'an fag manhs fals prezics,
mas elha no·ls en crezia.

IV. De mossenhor lo marques
de Monferrat vos dirai
que mal m'er, quan me·n partrai,   30
tant es savis e cortes
e de belha companhia;
mas, qui ver en jutjaria,

---

4 puois T — 5 mas fehlt R — beuta conplida T —
7 bel T — 8 non tr. T.
  10 nomen es T — es C R — peres T — 11 que s. C R —
12 cieu T — 13 non C R — denedieres T, deman res C R —
14 Puois aitot q. v. T — 17 An T.
  19 sutrir E — 23 al E — uida T — 24 noc unleserlich C
— 25 lauzengier C — 26 man T — faitz E — manh C.
  28 mossenher C, mon senhor E — 29 monfort T — 31 t. e
s. T — 32 bel T — 33 e quil C, e qui R — iuraria E.

ver dis lo reis Frederics
que mestier i auria pics, 35
qui l'aver trair' en volria.

V. Et anc Lombartz tan no mes
per pretz, qui ver en retrai,
cum fes sos paire, que fai
gran sofrait' a nos cortes; 40
quant anct en Romania,
tenc larguez' ab lui sa via,
e mal aja Salonics,
tans en fai anar mendics
e paupres per Lombardia. 45

VI. Malespina, guerentia
vos port que granren d'amics
avetz e pauc d'enemics
lai on renha cortezia.

IV.

Gr. 156, 3.

(Vergl. S. 20)

Handschrift: T 183; gedruckt bei Appel, Prov. Ined. S. 96.

I. Cantar vuolh amorosamen,
situt no vei fuolha ni flor,
que free no·m fai ne gels paor,
tant ai lo cor gai e gausen;
e autressi·m plai alegrars 5
d'ivern com d'estiu o cantars,
puois per servidor mi rete

---

34 rey C, reys R — 35 mestiers C R, obs T — aurian C
— 36 lauzar tal ren u. C R — uolia E.
37 Que C R — Ceçanc T — lombart C R T — 38 qil —
39 son C R — p. o qe f. T — 40 sofraccia a T — 42 largē
ab R — 43 sanh loniex C, soloniex T — 44 Qe tans C, Tant T
— faie T — 45 paubre T.
47 Vos en p. T, Li p. C — granrens T — 48 Aura C,
Auzetz R — pauex C R — 49 renhab C.
2 tutç; flors. — 3 Ci — no f. — gel paurs. — 5 Cautres-
sim. — 6 cantrs. — 7 p. son s.

tals qu'es complida de tut be.

II. Anc domna non m'er tan plaisen
ni ab tan entera valor;   10
et a be plus fresca color
que rosa ni flors d'angilen,
bella bocha, bels voltz e nars,
et estai li tant gen parlars
c'a nuls temps no vos dira re   15
mas onors e plazers e be.

III. E sapchatz c'anc plus coralmen
non amet Floris Blanciflor
qu'ieu am lieis que·m val e·m socor;
e no·i son privatz d'avol gen;   20
ja mi no plai aprivasars
ab *un* croi ni trop consilhars
ab lausengier, car qui los cre
pro fai de mal e pauc de be.

IV. Ogonet, porta·m per presen   25
ma canson al emperador,
qu'el sap ben triar lo melhor,
tant a de valor e de sen;
e par ben als sieus rics afars
s'el s'es pros, qu'anc no fo sos pars;   30
co plus *om* retrai que *i* ve
a des i trop *eu* mais de be.

V. Emperaire, bel senher cars,
no cre *que* sia plus francs bars
que·l coms de Caret, que mante   35
pretz e fai tuz jortz mais *de* be.

8 t. ce c. — tutç.
9 me t. — 10 ualor] ssalosrs — 11 a be] ab — colors — 12 f.]
frolr — 13 e bel nas — 14 et fehlt — 15 tenp — no fehlt.
18 blanciflors — 20 sont — gentç — 21 aprivasers —
22 abm — 23 ab] ni ab.
25 p. p.] perresent — 26 mas — eperadors — 27 meglliors
— 28 ualors — 29 al sieu — 31, 32 undeutlich, 31 nur herauszulesen:
co plus so reter qelue, der obige Text beruht auf Conjektur; 32 eu fehlt.
33 Eperaire — 34 que fehlt, es einzuschieben, schlägt schon
A. vor; franc — 35 del cont del C.; A.: del conte de C. — 36 de
fehlt, ist schon von A. eingeschoben.

V.

Gr. 156, 2.

(Vergl. S. 22 f.)

Handschrift: L 32; gedruckt Archiv 34, 426; Strophe I auch
Zeitschrift III 378.

I. Aucel no truob chantan
ni no vei flor novella,
mas ieu no·m lais de chan
ni de joi qui·m n'apella;
qu'en joi ai tot mon cor,   5
qu'om no sai qu'ora·s mor
e ma donna·m te let,
qu'ab joi plagen
mon fi cor gazanhet,
per qu'ieu li·m ren;   10
qu'ainch puois no fui ses joi noit ne dia.

II. De joi deu far semblan
qui fin' amors capdella,
per qu'ieu fach son coman,
quar tan gen me cembella;   15
qu'en tal ai mes mon cor
c'onors m'er si lai mor;
que s'amors me nafret
tan douchamen
qu'inz en mon *cor* m'intret   20
jogan rizen;
totz soi sieus — qu'aissi fos ella mia!

III. Tan l'am de bon talan
que·l cor me ressancella,
quez ainch no amet tan   25
Tristanz Ysolt la bella;
qu'ieu sai de mon fin cor
que per sobramar mor,
qu'ainch mais hom no amet
tan coralmen   30

---

1 Aucels — 2 flors — 16 mos cor — 17 muor —
20 cor fehlt.

ni melhz no atendet
son joi sofren;
qu'aissi conquer amics bon' amia.

IV.   Qui m'en vol tener dan,
      aj' en son olh postella,   35
      qu'ieu ai temencha gran,
      quan nigus li favella;
      donna, ajaz cha·l cor,
      que mieus es lai que mor,
      qu'ainch un jor no·m lonhet   40
         vostre cors gen
      ni re no desiret
         tan coralmen;
      las, ar crei que·l desir*iers* m'aucia.

V.   Al emperador man,   45
      pos valors renovella,
      que mov' ab esfortz gran
      contra la gen fradella
      ez aj' en dieu son cor,
      que sarrazi e mor   50
      an tengut li destret
         trop lonjamen
      la terr' on dieus nasquet
         e·l monumen,
      e tanh *be* que per lui cobrat sia.   55

VI.   Rics om qu'es d'avol cor
      fai be lo jor que mor
      e son n'alegr' e let
         fil e paren,
      qu'aicho qu'el amasset   60
         parton rien;
      gardaz si fai foldat qui s'i fia.

VII.   N'Oth del Caret, lo cor
      avez on prez no mor;

---

38 chail — 40 ujor — 44 deszirs — 49 dieus — 55 be fehlt.

qu'ainch nulhz bars no renhet 65
plus franchamen
ni genchers no obret
home valen,
per qui'eu am la vostra senhoria.

Sirventese.

VI.

Gr. 156, 6.

(Vergl. S. 21.)

Handschriften: A 210, C 218, D 134, E 131, Il 40, I 190,
K 175, P 28, R 15, S 163, T 182. In P S fehlt die letzte Strophe
nebst den beiden Tornaden, in C E R T die zweite Tornada.

Wie gewöhnlich bilden die Handschriften A D I K zusammen
eine Gruppe; sie weisen einen gemeinsamen Fehler auf (mit C T)
V. 48: *sos amics* für *son amic*, welches durch den Reim *car*
gefordert wird, und haben gemeinsame Varianten V. 2, 8, 12, 19,
23, 28, 37, 39, u. s. f.; dass von ihnen wieder, wie auch sonst,
D I K sich näher stehen, darf wohl aus dem diesen (mit T) gemeinsamen Fehler V. 24 *reingna* für *tenha* geschlossen werden, wie
denn auch ihre Varianten V. 2: *Far vuelh eu un sirventes*, gegenüber A: *Far vuelh un nou sirventes* und V. 9: *ques daital vianda*
gegenüber A: *qa daital vianda* schwerlich ursprünglich sind.
Als eine zweite Gruppe sind auszusondern die Handschriften P S T; sie zeigen gemeinsame Fehler V. 43: *si cum vi
laltres* für *qu'ieu vi, sous autrei* und V. 28: *Duna uoill qe siaz
cert* für *Mas d'una re sia cert;* ausserdem haben sie gemeinsame
Varianten gegenüber allen übrigen Handschriften V. 1, 24, 26, 34,
37, 45. Eine Unterabteilung bilden wieder P S; beide gehen
offenbar auf die gleiche direkte Vorlage zurück, ihr Text ist,
auch bezüglich der Orthographie, — abgesehen von ganz mini-
malen Abweichungen — geradezu identisch. Der Vereinigung
von T mit P S zu einer Gruppe scheint nun allerdings zu wider-
sprechen, dass dieses, wie oben bemerkt, mit A D I K V. 48 den
Fehler *sos amics* und mit D I K V. 24 den Fehler *reingna* gemein
hat; ich sehe hier keinen andern Ausweg als die Annahme, dass
T eine zweite Vorlage des Typus D I K benutzt habe, wodurch
es sich denn auch erklärt, wenn T V. 56 mit A D I K *greu* für
mal der übrigen Handschriften liest.
Zu einer dritten Gruppe lassen sich zusammenfassen die
Handschriften C E H R; sie haben gemeinsam die fehlerhafte
Lesart V. 44, 45: *so quel al marques d'Est fei El coms* (es
müsste heissen: *e al conte*, was aber das Versmass verbietet,
s. die Anmerkung zu der Stelle) *de Verona*, ferner die Varianten

V. 1, 2, 44, 48. Innerhalb dieser Gruppe muss, wie es scheint, wieder ein engerer Zusammenhang angenommen werden zwischen C E R; diese Handschriften lesen V. 8 *melhor* für *seignor* aller übrigen Handschriften und entbehren der 2. Tornada, welche in H erhalten ist. Andrerseits spricht nun aber für eine Unterabteilung E H R V. 15, wo an Stelle der offenbar richtigen Lesart *e i a* von A D I K und C E *en cui a*, H *cui a*, R *on a* hat, welch letztere Lesart doch wohl durch Aenderung des Copisten behufs Herstellung der richtigen Silbenzahl aus der von E entstanden ist; und wiederum eine Unterabteilung C E H scheint gefordert durch V. 52, 53, wo diese Handschriften fälschlich *far* für *fatz* und *veus* für *vec vos* der übrigen Handschriften lesen. Wie man sieht, kommt man in allen drei Fällen nicht durch ohne die Annahme, dass zwei von den Handschriften C H R eine doppelte Vorlage benutzt haben, nämlich in Gruppe C E R — C und R, in Gruppe E H R — H und R, in Gruppe C E H — C und H, indem es nicht wahrscheinlich ist, dass C V. 15, H V. 8 und R V. 52, 53 selbständig die ursprüngliche Lesart sollten wiedergefunden haben. Da nun C anerkanntermassen eklektisch verfährt (vgl. Böhmer's Rom. Stud. II, 401) und, wie gleich gezeigt werden wird, C und R vermutlich auf die gleiche Quelle zurückgehen, so entscheide ich mich für die Gruppe C E R und nehme für C und R Benutzung einer zweiten Vorlage an. Dass C R aus der gleichen Quelle geschöpft haben, wird wahrscheinlich gemacht durch V. 24, wo beide *li par ques tenha* für *li platz que tenha* aller übrigen Handschriften und durch V. 58, wo sie — mit D, worüber unten — allein *finalmen* für *coralmen* lesen. Dem widerspricht nicht, wenn die C E gemeinsamen Fehler V. 4 *mi demanda* für *demanda* und V. 53 resp. 54 *falhmen fai* sich in R nicht findet, indem eben R die erwähnte zweite Vorlage hier zu Rate gezogen haben wird.

Was nun das Verhältnis der hiermit abgegrenzten Gruppen A D I K, P S T und C E H R zu einander betrifft, so liegt ein Grund, die beiden ersteren auf einen gemeinsamen Typus zurückzuführen nicht vor. Dagegen möchte ich allerdings glauben, dass ein solcher zu statuiren ist für P S T und C E H R, auf Grund nämlich von V. 15 und V. 4. V. 15 haben wir folgende, sämmtlich fehlerhafte, Lesarten: *en cui ha* E, *cui a* H, *on a* R, *e cui a* T, *quilla* P S; ich bemerkte oben, dass die Lesarten von H und R jedenfalls erst aus der Lesart von E entstanden sind; mit dieser nun ist identisch die Lesart von T, und was die Lesart von P S betrifft, so ist es, da sie gleichfalls relativisch an das vorhergehende anknüpft, m. E. wahrscheinlich, dass auch sie behufs Herstellung der durch das Metrum geforderten Silbenzahl erst aus der Lesart von E T entstand. Somit hätten wir hier einen sämmtlichen Handschriften der beiden Gruppen gemeinsamen Fehler. V. 4 haben C E fälschlich *nol mi demanda*, T *nolm demanda*, welches offenbar auf die Lesart von C E zurückgeht. Da nun sonst kein Grund vorliegt, für T, für das wir oben schon die Benutzung einer zweiten Vorlage des Typus D I K anzunehmen uns genötigt sahen, noch eine dritte Vorlage des Typus C E zu statuieren, da andrerseits H R und P S leicht unabhängig von einander des Metrums wegen das fehlerhaft eingeführte *mi* weglassen konnten — P S mit Aenderung von *nol* oder *nolm* in *non* —, so liegt die Annahme nahe, dass auch dieser Fehler schon in der gemeinsamen Vorlage der beiden Gruppen enthalten war. Ich glaube deshalb, dass sich das Verhältniss der Handschriften durch folgendes Schema darstellen lässt:

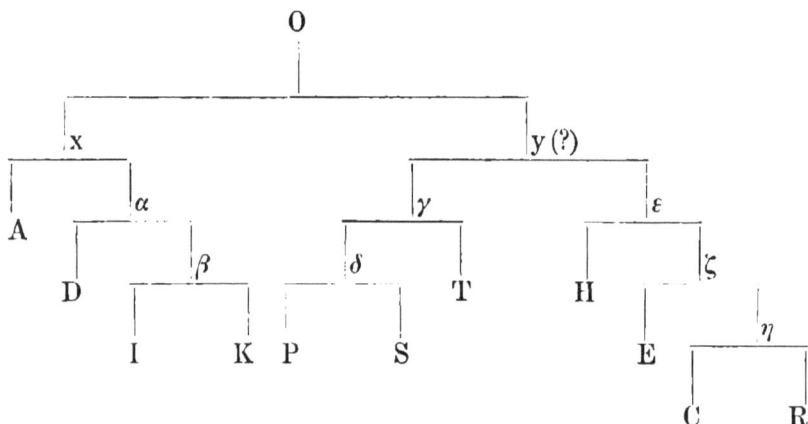

```
                          O
             ┌────────────┴────────────────┐
             x                            y (?)
        ┌────┴───┐              ┌───────────┴─────────┐
        │        α              γ                     ε
        A     ┌──┴──┐       ┌───┴───┐            ┌────┴────┐
              D     β       δ       T            H         ζ
                 ┌──┴──┐ ┌──┴──┐                         ┌──┴──┐
                 I   K  P      S                         E      η
                                                              ┌─┴─┐
                                                              C   R
```

Das Gedicht ist gedruckt Lex. rom. I, 486; Archiv 33, 308 (P); Bartsch, Prov. Lesebuch 86 (R); Prov. Chrestom.⁴ 195 (C E I); M. W. III, 98; Studj d. fil. rom. III, 650 (A); ib. V, 484 (II).

I. Far vuelh un nou sirventes,
    que razon n'ai granda,
  e dirai de pretz on es,
    s'om tot no·l demanda:
  pretz sojorn' ab los cortes   5
    e noi quier liuranda,
  mas joi e valor
  e ten celui per senhor
    qui·l da tal vianda.

1 Eu farai un s. P S T — eu un s. D I K, un nouel s. II — 2 pos r. C E II R, et raison P S — n' fehlt D S — 4 so t. D — nol mi d. C E, nolm T, non P S — 5 lo c. P S, lor c. I K — 6 non A, noll S, noill P, no lur T, nos II — 7 e fehlt II — et amor A — 8 tene E — melhor C E R — 9 ques (qui es C) daital C D I K, qill dai tal P S, quil dat a II, qa daital A — vida C.

II. Pretz vol ome conoissen 10
ab fina largueza,
franc e umil e plazen
e ses avoleza,
a celui se don' e·s ren
e·i a s'amor meza; 15
mas pauc n'a conques,
qu'en cen baros non a tres
complitz de proeza.

III. Jamais negus mos amics
no vuelh rics devenha, 20
pos mos senher Frederics,
que sobre totz renha,
era lares ans que fos rics;
er li platz que tenha
la terr' e l'aver, 25
aisso m'en comta per ver
cascus qui qu'en venha.

IV. Mas d'una re sia cert
qu'als savis aug dire:
qui tot vol tener tot pert; 30
en aiso se mire
e tenha donar ubert
que·l roda no·s vire

10 om c. T, om enconoisses P S — 11 tuta l. T — 12 leial
e p. A D I K, leial et cortes P S — 14 si dona eis ren A, no
dona res P S — 15 en cui ha E, e cui a T, cui a H, quilla P S,
ou a R — 16 paucs (paucx R) A C D E R — 17 mill b. S, null
b. P — compli P S.
19 nulhs de m. a. C E H R — 20 esdevenha E — 21 per
mo C — seignen I K — 22 qi H — teingna I — 23 quera C —
fo l. enanz A D I K — quel E, qil (cil T) H P S T — 24 or
P S T, anz H — li par ques C R — qel H, qil P S, cil T —
reingna D I K T — 26 caisom T — comtan A D K, contom
P S, comtom T, canta e — 27 qem P.
28 Mas ben uuoill que sapcha cert A D I K, Duna uoill
qe siaz cert P S, Duna uoigll ce si acort T — 29 cal s. D T,
ca il sabi P S — 30 tenir A D P S T — 31 et en a. H — en so
se remire A K, en so remire I, e no sen remire D — 33 qe
H P S — nois u. A.

so desus desotz,
qu'al virar faria totz   35
sos enemics rire.

V. Et am dieu que sus l'a mes
    e l'a dat corona,
    e son cosin lo marques,
    que cascus razona   40
    que venir li·n deu grans bes,
    e·il razos es bona;
    qu'ieu vi, so·us autrei,
    l'amor que cel d'Est li fei
    e·l coms de Verona.   45

VI. Per qu'eu li vuelh cosselhar,
    car l'am ses bauzia,
    que son amic tenga car
    e ric tota via,
    que ben a poder de far   50
    miels c'om qu'el mon sia
    fatz d'ome valen;
    vec vos doble falhimen,
    si non o fazia.

VII. Emperair', ieu·s vuelh prejar   55
    que ja mal no·us sia,

34 lo d. II, cel d. P S T — 35 quel v. C, car v. R —
fai totz II.
37 Anz am P S T, E laus (lau C E) C E R, E i a II — lo
mes A — qi sul a mes T — 39 e mosenhor C E R, en mons. II
— 41 venir len deuret g. b., que fehlt, P S — li deu T — 42 e r.
C E II R P S T — et ualora b. P S, euentura b. T — 43 e vie
A D I K — si com ui laltres P S T — 44 so quel al (que al C R)
marques dest fei C E II R — li fes P S T — 45 el cont P S T,
com R.
46 Daitant l. v. T — qu·ill v. E, quiel v. II — lo v. A
C D T — 47 ce l. T — 48 sos amics A C D I K T — t. cars T —
49 rics A C D I K T — 50 cel na ben p. T — del f. D E II I K
— dar C — 51 mais II — miel re dom cel m. s. T — 52 far
C E II — 53 veus C E II, e vos T — gran d. C — f. fai E —
54 sil T — fai si no f. C.
56 greu A D I K T — non s. T.

s'ieurs die mon talen,
que car vos am coralmen,
vos mostr' aital via.

VIII. N'Otz del Carret, be·us tenc car,   60
car en Lombardia
no sai plus valen,
ni negus no m'en desmen
de ben qu'eu en dia.

VII.

Gr. 156, 11 und 13.

(Vergl. S. 22 ff.)

Handschriften: C 229, M 237, R 52, T 183, c 16. In M
wird das Gedicht dem Guillem Figueira (en figera) zugeschrieben,
vgl. S. 1. Die Anordnung der Strophen in C R weicht von der
in M T c ab; das Gedicht beginnt dort mit Str. II, Str. I ist
zwischen Str. IV und Str. V eingeschoben; wie schon oben bemerkt, ist Bartsch dadurch verleitet worden, das Gedicht im
Gr. 156 zweimal, als n. 11 und n. 13, aufzuführen. Str. VI und
die 2. Tornada sind nur in T c überliefert, die 1. Tornada steht
ausser in T c nur noch in C, hier aber in etwas abweichender
Fassung. M schliesst mit V. 50, R mit V. 47, der aber hier, wie
in C, ersetzt ist durch V. 50; V. 48—50 lauten in C anders als
in M T c.

Was das Verhältniss der Handschriften betrifft, so sondern
sich zunächst C R auf Grund der verkehrten Anordnung der Strophen und auf Grund von V. 47 als Gruppe ab. Dass die Strophen-
folge von C R thatsächlich fehlerhaft ist, unterliegt wohl keinem
Zweifel. Str. I von M T c enthält offenbar die Einleitung, zwischen
Str. IV und V passt sie nicht in den Zusammenhang. Ebenso
haben V. 47 ff. augenscheinlich M T c das richtige; die Lesart
von C lässt sich ohne Schwierigkeit aus der von M T c ableiten:
in der gemeinsamen Vorlage von C R werden V. 47—49 von
M T c ausgefallen gewesen sein, so dass V. 50 unmittelbar auf
V. 46 folgte; in dieser verkürzten Form wird uns die Strophe in R
geboten; der Schreiber von C hingegen dichtete, um die Strophe
voll zu machen, selbständig drei neue Verse hinzu. Wollte man umgekehrt annehmen, die Lesart von C sei die ursprüngliche, so wäre
es schwer begreiflich, wie aus dieser die Lesart von M T c hätte
werden sollen; man müsste dann annehmen, es sei in der Handschrift,

---

57 sieu E II T — en d. T — 58 finamen C D R — qe tan
v. 11 — 59 mostri tal T, mostrarai tal D.
60—64 fehlt C E R T — 63 deffen D.

welche die Quelle der gemeinsamen Vorlage von M T c bildete,
V. 48—50 des Textes von C abgefallen gewesen und es habe
der Schreiber der Vorlage, um die Strophe voll zu machen,
zwischen 46 und 47 des ursprünglichen Textes die Verse, welche
jetzt als V. 47—49 in M T c stehen, eingefügt. Offenbar wäre
es in diesem Falle nicht einzusehen, warum der Schreiber V. 46
und 47 auseinandergerissen und die selbstfabricirten Verse zwischen
sie eingefügt haben sollte, statt, wie es doch am nächsten lag,
einfach an V. 47 drei neue Verse anzuhängen. Ich glaube deshalb
die Lesart von M T c als die ursprüngliche und die Lesarten von
R und C als aus ihr abgeleitet betrachten zu sollen.

Für die Stelle nun, die wir M anweisen wollen, ist es
entscheidend, ob wir die allein in T c überlieferte Strophe VI
für echt oder für interpolirt halten. Da, soweit ich sehe, von
Seiten ihres Inhalts sowohl als ihrer Form ein Bedenken gegen
ihre Echtheit nicht vorliegt und auch die sicher echte 2. Tornada
in T c allein erhalten ist, so ist m. E. kein Grund vorhanden, ihre
Echtheit in Zweifel zu ziehen. Dann geht also M mit C R auf
die gleiche Quelle zurück, da es doch nicht wahrscheinlich ist,
dass zwei Schreiber unabhängig von einander die nämliche Strophe
weggelassen haben sollten. Im übrigen nimmt bezüglich der
Textüberlieferung M allerdings durchaus eine Sonderstellung ein,
irgendwelche Fehler hat es mit C R nicht gemein.

Dass endlich T c zu einer Gruppe zu vereinigen sind, beweisen die Lesarten von V. 18 (hier war *qual*, das c fehlt, offenbar
schon in der Vorlage ausgefallen, T setzt, um die Silbenzahl
voll zu machen, *lo* ein), 22, 27, 40, 41.

Danach können wir folgenden Handschriften-Stammbaum
aufstellen:

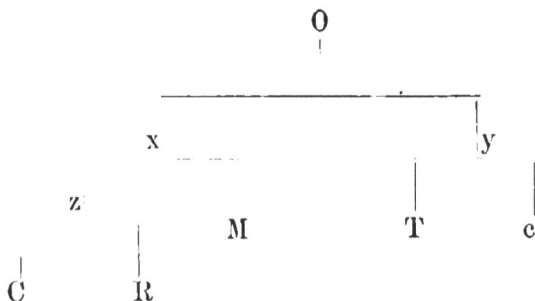

Das Gedicht ist gedruckt Rayn. IV, 126; P. O. 121; M. W.
III, 97; ib. III, 106; kritisch herausgegeben wurde es schon von
Levy, Guillem Figueira S. 70, aber, da Levy die Identität von
Gr. 11 und 13 zu spät bemerkt hatte, nur nach M T c und mit
Zugrundelegung von M, welches gerade einen stark überarbeiteten
Text zeigt. In der Lesung der Handschriften weiche ich bis-
weilen von Levy ab.

I. Quan eng chantar, ieu planc e plor
per so que vei esdevenir,
car per pauc no muer de dolor,
quan en mon cor pens e cossir
la perd' e·l gran dampnatge   5
qu'a pres cortezia e solatz;
que si de servir vos mesclatz
ni·us donatz alegratge,
totz diran que·us etz fols provatz,
si de tot joi no vos laissatz.   10

II. Tornatz es en pauc de valor
lo segle, qui·l ver en vol dir,
e·l clergue son ja li peior
que degran los bes mantenir,
et an aital uzatge   15
que mais amon guerra que patz,
tan lur plai malez' e peccatz,
per qu'al premier passatge
m'en volria esser passatz,
que·l mais de quan vei mi desplatz.   20

III. E son ves els mezeis trachor
li ric malvat, per que·ls azir,
qu'il an uelhs e non an lugor,
ni·n re no sabon avenir
que sia d'agradatge;   25
qu'aissi·ls cissorba cobeitatz,

---

2 daisso C, de so R — cieu v. T — 3 qa e, qe M — 5 la
gran perda el d. M — 7 servir] chantar M — no m. T — s nieus R
— 9 il diran Tc, hom dira M — que·us] vos C R T — fols auratz
C R — qe fols iest p. M — 10 totz joys M — ioi fehlt T.
12 segles Mc — qui v. C R — 13 qel e. M — clerc T —
14 qi e — lo ben enantir T, lo mon m. M — 15 un tal Tc, ital R
— 16 guerras e — 17 e m. T — 18 per quel R, per lo T —
qual fehlt e — 19 volgra ieu M.
21 Entrells mezeises son t. M — vers eus T, vers lor e —
22 lo (le) mais dels rics T e — nazir C R, air e — per cieu lasir T
— 23 quels C R — qe nueg ni iorn non han l. M, qil ant oilç
on non a l. e, qe igll an uogill e n. a. lusor T — 24 res C R
— qen re T e — qe sapchon en ren a. M — 25 qe lur torn a
barnage M — 26 tan los essorba M — asorba T.

enjans, feuni' e malvestatz
que perdut an paratge,
e per aisso pert sas clardatz
pretz e valors e lialtatz. 30

IV. Ben volgr' aguessem un senhor
ab tan de poder e d'albir
qu'als avols tolges la ricor
e no·ls laisses terra tenir,
e doncs l'eretatge 35
a tal que fos pros e prezatz,
qu'aissi fo·l segles comensatz,
e no·i gardes linhatge,
e mudes om los rics malvatz,
cum fan Lombart las poestatz. 40

V. Ar prec al bon emperador
que s'es crozatz per dieu servir
que mov' ab fors' et ab vigor
ves la terr' on dieus volc murir
e mes son cors en gatge 45
per nos e·n fo en crotz levatz,
et es totz oms desesperatz
qui no·i a ferm coratge,
qui ve com el fo clavellatz
per nos e batutz e nafratz. 50

27 e. e dol a m. M — enjans fehlt T — feunia e m.] e fina
m. Te — 28 per qan perdut p. M — perdut] destrutz T e —
29 ez enaissi pero M — per aicels T, p. aqels e.
31 agesem T, agessen e, accem C R — fossem dun seinhor M
— 32 aib aitan de T — 33 qual e — avols] auls T — 34 ni no
lur laises T — noil e — e fezes lals pros departir M — 36 qui e
— entre los valentz els pr. M — 37 fo lo s. M — 38 lignagnos
T, parage M — 39 hom] totz M — 40 si e. f. lombart poestatz
C R, ansi com peior abatz T, si com fai prior et abaz e.
41 E p. C R — al nostre e. M — 42 qui e — per qe
si croçe p. d. s. M — 43 qel m. T — esmou a. f. e sa v. M
— 44 uenser T — uenc m. Te, in e übergeschrieben uolc —
45 cor Te — 47—49 fehlt in C R, auf 46 folgt 50: e per nos
b. e n.; damit schliesst R, in C folgt als v. 48—50: Don fam gran
vilanatge Quar per nos son tan sufertatz Los turcx fals e des-
nofetatz — 47 tot hom e — ces t. oms T, e t. h. es M — 49 el
fehlt T — quie con fou marturiatz M — 50 M schliesst mit v. 50.

VI. Tut deuriam aver paor,
quar melh no li sabem grazir
so qu'el sofri per nostr' amor;
qu'el receup mort per mort aucir,
    tan vole nostr' omenatge;   55
per que fo de bon' ora natz
totz om qui·l servira crosatz
ni fara·l sieu viatge;
qu'anc pos qu'el fo descretatz,
non ac onor cristiandatz.   60

VII. Emperaire, si be·us pessatz
cum dieus fai vostras voluntatz,
    mout l'aurez bon coratge;
qu'el vol, et es ver, so sapchatz,
que vos cobretz sas cretatz.   65

VIII. Sirventes, Mon Cenis passatz
et a·n Oth del Carret digatz
    qu'ieu·s tramet per messatge
qu'el s'an lai on Jesus fo natz,
puois er son bon pretz coronatz.   70

VIII.

Gr. 156, 12.
(Vergl. S. 25.)

Handschriften: C 229, R 15, M 247; in M ist die Ueberschrift
Uns clers. C und R haben gegenüber M gemein die Anordnung
der Strophen — in M: I, II, V, IV, III — sowie die Mehrzahl der
Varianten, vergl. 5, 11, 14, 15, u. a.
Das Gedicht ist gedruckt bei Rayn. IV, 123 und M. W. III, 96.

  I. Quan lo dous temps ven e vai la freidors
    e de razo atruep mout gran viutat,
      ben dei chantar, quar trop n'aurai estat,

    51 deurian c — paura T – 52 sabon c — 53 sofre c —
57 quel T c — 59 cau T.
    61 ben uos T — 62 fay dieus C — faic T — 63—65 lauten
in C: E lavetz fin coratge Hom dira vos etz coronatz De pretz
sobre totz e renhatz; der Rest fehlt C – 63 li au. c — 64 vers c
— 65 co T — (h)erita(t)z T c.
    66 Serventes c — 68 qieu uos T, qeus c — 69 quez an c.
1 Qan le uai e uen l. f. M — 2 de — viutat fehlt M   uiutat R.

et a m'o tout marrimenz e dolors
que ai, quan vei anar a perdemen   5
e destruire sanhta crestiantat
e tot segle vei perdut e torbat,
per qu'ieu no·m puesc dar gran esbaudimen.

II. Comtes e reis, ducs et emperadors,
e manh baro e manhta poestat   10
vei guerrejar per plana voluntat
e·l fort tolon als frevols lurs onors;
e morrem tug, so sabem veramen,
dones laissara quascus sa cretat
e so qu'aurem de tort e de peccat   15
trobarem totz al jorn del jutjamen.

III. Quan dieus dira: „Selhs qu'an freitz ni calors
sufert per mi ni lur sanc escampat
e m'an blandit e temsut et amat
e m'an servit e fag be et onors,   20
aquilh seran ab gaug ses marrimen,
e selhs qu'auran de mi tort ni peccat
ses falhimen, que no·ls er perdonat,
cairan lains el foc d'infern arden."

IV. Adones er fag l'ira e·l dols e·l plors, 25
quan dieus dira: „Anatz, malaurat,
ins en infern, on seretz turmentat
per tos temps mais ab pena et ab dolors,
quar non crezetz qu'ieu sufris greu turmen;
mortz fui per vos, don vos es mal membrat." 30
E poiran dir selhs que morran crozat:
„E nos, senher, mort per vos eissamen."

---

4 marrimen C R — 5 qieu hai qar u. M — 7 troblat M.
9 e e. C M; ducs fehlt R — 11 pl. cobeitat M — 12 els
fortz C R — 14 e laissera .. la er. M — 15 e quant au. M.
17 e e. M — 18 e l. M — 19. ni t. R — 20 ni m. s. ni mā f.
be ni onor R — 22 e p. e — 23 noilh e. M.
25 els d. els pl. C; el dol el plor R — 28 fehlt M —
29 sufri C — 30 m. soy R; p uos fui mortz ... mal menat M
— 32 p vos mort M.

V. Ailas caitiu! com grieus er la dolors
    e que direm, quan serem ajostat
    en camp florit, on veirem clavellat   35
    dieu en la crotz per totz nos peccadors,
    e per costat nafrat tan malamen
    e de ponhens espinas coronat!
    Adones volgram quascus aver cobrat
    la vera crotz e·l sieu sanh monimen.   40

IX.

Gr. 156, 10.

(Vergl. S. 27 f.)

Handschriften: C 229, E 310, G 116, J 4, P 28, R 52, S 164,
Y 2, c 14, f 5, i¹) 107, t²) 77; in G Y anonym. Der Copist von Y
war ein Franzose, die Formen sind grossenteils französirt; ausserdem ist die Seite, auf der das Gedicht steht, stark abgenutzt,
so dass von einzelnen Wörtern fast nichts mehr zu sehen ist
und die Lesarten vielfach unsicher werden. t enthält nur Str. 1,
III und IV.

Die Beziehungen der 12 Handschriften zu einander sind
ziemlich verwickelte. Zunächst weisen G P S Y c f V. 56 eine
gemeinsame Lücke auf und eben diese Handschriften, dazu noch E
und i, haben V. 50 gemein den Fehler *nos conven* für *nos er*.
Trotzdem geht es nicht an, E G P S Y c f i zu einer Gruppe mit
der Unterabteilung G P S Y c f zu vereinigen, da, wie unten
gezeigt werden wird, i mit R auf's engste verwandt ist und f
gleichfalls in fast sämmtlichen übrigen Fällen zu J R i steht;
wir müssen f und i ausscheiden und annehmen, dass beide stellen-
weise eine zweite Vorlage benutzt haben. Es bleibt also be-
stehen die Gruppe E G P S Y c, mit deren Ansetzung im Ein-
klang steht V. 14, wo alle diese Handschriften fälschlich *totz* vor
eslaissatz einschieben. Schwierigkeiten macht indessen die Zu-
teilung von E; allerdings stellt sich E in dem eben erwähnten
Falle sowie V. 50 (s. o.) zu G P S Y c, auch geht es speciell mit
G Y c V. 31 und V. 37 — denn das *fet* der Handschrift ist doch
sicher zu *feble* zu ergänzen — und mit G c V. 7, aber andrerseits
weist es den G P S Y c fehlenden Vers 56 auf und hat mit J f

---

33 fehlt C R — 34 direz R; qez aurem tuit q. s. a. M
— 35 cap C; e u. M — 36 dieus ... tug li peccador C — 37 ez
er feritz el costat duramen M — 39 bē uolriam adonc a. c. M.

¹) Die von Stengel, Zeitschrift I, 387 abgedruckte Kopen-
hagener Handschrift.

²) Ich bezeichne mit diesem Buchstaben das von P. Meyer,
Daurel et Beton. Paris 1880 S. LIXX—CXX beschriebene Didot'sche
Manuskript.

gemein die Varianten V. 14 *enlaisatz* für *eslaisatz* und V. 53—54 *trobarem-caurem*. Wir werden im Hinblick auf die grössere Zahl gemeinsamer Varianten E von G P S Y c nicht trennen dürfen, aber wir werden nicht umhin können, anzunehmen, dass es gleichfalls nachträglich aus einer zweiten Vorlage, und zwar aus einer Vorlage des Typus J f, einzelne Lesarten aufgenommen hat. Innerhalb der Gruppe E G P S Y c gehören nun wieder P S eng zusammen; von ihnen gilt auch hier das oben bei Lied VI bemerkte, ihre Ueberlieferung ist identisch. Sodann besteht eine nähere Verwandtschaft zwischen G Y c, wie die Varianten V. 17 *plus* für *mais*, V 31 *a dolor* für *ab dolor* und V. 37 *feble* für *frevol* zeigen; was ihr gegenseitiges Verhältnis betrifft, so steht c teils zu Y teils zu G; es hat mit Y gemein die Fehler V. 4 *tutz las heritaz – touz les heritaz*, V. 3 *qe hom lais—que om laise*, V. 17 *c qant om uiu plus dans* (—1), V. 49 *ver la mort*, auch wohl die Lesart V. 43, — denn dem *cum fait un fol desmesurat* in Y liegt doch jedenfalls eine Wendung mit *com fal*, wie sie c bietet *(com fal sordeior)* zu Grunde —, endlich die durch die Uebereinstimmung der übrigen Handschriften — ausgenommen J — als fehlerhaft erwiesene Variante V. 55: *preghen dieu — our prion deu*; andrerseits stimmt c mit G V. 7 und 33, beidemal *deuria* für *deu*, V. 23 *c sen* für *car sen*, V. 29 *mens que* für *mentier que* und V. 28 *At* bezw. *Ar* für *Donc*. Es liesse sich also ebensowohl eine Unterabteilung Y c als G c rechtfertigen; ich entscheide mich für die letztere Möglichkeit, mit Ansetzung einer zweiten Quelle für G, da eine solche, und zwar eine Quelle des Typus J, mir ohnehin auf Grund von V. 4 und V. 42 für G angenommen werden zu müssen scheint.

Mehrfache gemeinsame Varianten gegenüber allen anderen Handschriften thun dar die enge Zusammengehörigkeit von R und i, vergl. V. 11, 20, 44, 51, 52, 53; zu ihnen tritt f auf Grund von V. 2 und 52 und diesem wieder ist nahe verwandt t (nur 3 Strophen, s. o.), wie V. 3 (die gemeinsame Vorlage von R f t hatte offenbar an der Stelle von *laloc* eine Lücke, die in den drei Handschriften verschieden ausgefüllt wurde), 20, 21, 30, 34, 36 zeigen, doch hat letzteres, nach V. 4, 22 zu schliessen, daneben noch eine Hs. des Typus G verwertet. Auf die gleiche Vorlage mit R i f (t) muss dann J zurückgehen, wie sich ergiebt aus dem ihm mit f gemeinsamen Fehler V. 44: *mal plag* für *nul plag*, der offenbar auch in der Quelle von R i vorhanden war, hier aber, weil sinnlos, in *son plag* geändert wurde, sowie aus der ihnen gemeinsamen Variante V. 53, 54 (s. o.), die offenbar gleichfalls auch in der Quelle von R i stand. Wir erhalten somit eine Gruppe J f (t) R i, welche in der That allen übrigen Handschriften gegenüber eine Reihe gemeinsamer Abweichungen aufweist: V. 17 *sel que* und *qui* (J) für für *quant hom, on om, com*, V. 22 *mogutz* für *vengutz* (ausgenommen t), V. 34 *breu dora* für *breu de temps, pauc de temps, un sol puntz*, V. 37 *Non ia* für *Queu oder Eu non vei*. Doch müssen wir, wie oben bemerkt,

für f und i auf Grund von V. 50 und 56 die Benutzung einer
zweiten Vorlage des Typus G P S Y c ansetzen, durch welche
Annahme es sich denn auch erklärt, wenn beide Handschriften
V. 9 mit G P S Y c *es viandans* für *em viandan* J R lesen, und
wenn i V. 28 mit der Variante *Or* zu G c (G *At*, c *Ar*) steht. Aber
auch J tritt mit der Variante V. 55 (s. o.) aus der Gruppe R f i
heraus, es wird somit auch für dieses die Annahme einer zweiten
Quelle des Typus G Y c nicht zu umgehen sein.

Was endlich C betrifft, so werden wir dieses in Berück-
sichtigung der Thatsache, dass es anerkanntermassen mit R nahe
verwandt ist, der Gruppe J f R i zuweisen dürfen, wenn auch
ein Beweis für seine Zugehörigkeit zu dieser Gruppe aus den
Varianten nicht zu entnehmen ist.

Somit dürfte folgendes Schema das Verhältnis der Handschriften annähernd richtig darstellen:

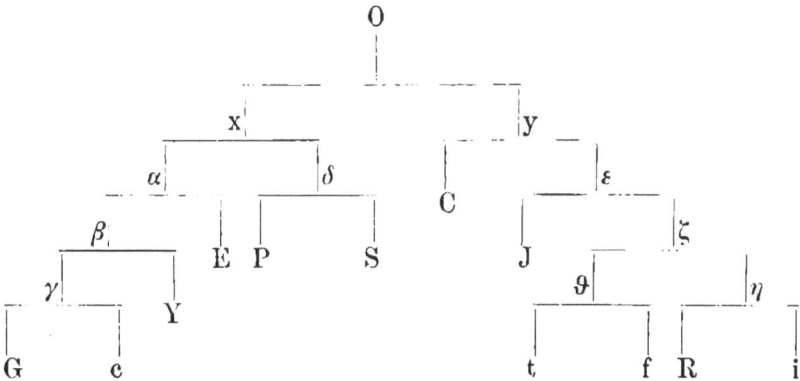

Das Gedicht ist gedruckt Lex. rom. I, 488; M. W. III, 99;
Arch. 35, 104 (G); M. G. 1073 (R); Archiv 49, 305 (P); Zeit-
schrift I, 394 (i); P. Meyer, Daurel et BetonLXXXIX (Str. I, III,
IV nach t).

I. Quan be me sui apessatz,
   tot· l'als es niens mas dieus;
   qu'om laissa l'aloc e·ls ficus

Strophe I ist in E durch Ausschneiden verstümmelt, es fehlt:
Quan .. tot .. dieu ... els f .... tatz ... mal ... espassamens per
quom d ...

1 mi sui ben a. G — On miclhs m. s. a. R — E quat heu
m. s. b. a. Y — perpensatz J — 2 tutz lals c, touz laus P S, totz
laus t, tol lautr G, ... lalre E — tout autre est ren mais semr (?)
deu Y — nulha res non es m. d. R f i — 3 laissale alos C — los
alos ... icus E, alos e f. J, la locs el feus P S, lalou el fieu i,
onors e f. R, solas e. f. f, teres e. f. t — con laisa los alou el feu G,
que om laise le lonc el faic Y, qe hom lais lalou el feu c.

e totas las eretatz;
ricors del segle malvatz   5
non es mas trespassamens,
per qu'om deu esser temens
e lejals ses totz enjans,
quar quascus es viandans.

II. Qu'aitan tost cum om es natz,   10
mou e vai coma romieus
a jornadas et es grieus
lo viatges, so sapchatz;
que quascus vai eslaissatz
vas la mort, qu'aurs ni argens   15
non l'en pot esser guirens,
et on om mais sai viu d'ans
ses dieu, mais fai de sos daus.

III. E tu, caitiu, que faras,
qui conoisses mal e be?   20

---

4 t. sas eretatz R f, tutz l. her. e, touz lez h. Y, las autras
(autres t) ereptatz G J t — 5 el ricor G J P R S e i, e la ricor E,
quel ricor Y f — 6 mais un tr. e — 7 deuria G e, ... curia E
— tremenz S, trement Y — 8 ehal f — sus i — tut enzan G R Y t
— 9 que qu. C G J i — em v. J R t — vianda G, viandan R.
  10 Aissi t. C, Aitan t. R e i, Car tan t. E P S Y, Sti t. G —
cant hom. R — 11 mou ennia P, m. en uai S, vai e mou R — com
r. Pe, come r. S, co fal romieu R, cum fa romeu i — 12 azornada
Gi, aiornaz e — breu G — 13 lo viatges so fehlt R — 14 via i
— enlaisatz J — car cascuns vay enlassatz f, que ia pucis que
es lassatz R, cascuns uai totz enlaisatz E, car e. v. tuz eslaissaz
S, e vai sen tot eslaisaz G, car si sen uay chaćun tout eslaissat
Y, qa hom sen va toz eslaissaz e; der Vers fehlt in P — 15 vers
G P S, ver Y e, ves J — a la m. R — 16 ne li p. aueir Y — li
p. R — garenz S P Y e f — 17 et can hom m. P S, e qui mais J
— com mais uiu hom dans E, e qand hom plus s. v. d. G, e qant
om uiu plus d. e Y (in Y nach plus 4 Buchstaben ganz verwischt),
e sel que may sai vieu dan R, e sel qui sai mai vien danz i,
e sel que m. sa uiu d. f — 18 ses d.] ni dias R — i fai i, fai
mais G — son d. P S Y e, son dan G R.
  19 Las tu i — chatis P S, chaitis Y — 20 qe conois los
mals el be G, qe conosc lo mal el ben P S, que conoisses le
mal et el bien Y, qui conoisel mal e ben e, que sabes los mals
sel bes R i — m. els bes E, mals els (e t) bens ft.

fols es si non t'en sove
don iest vengutz ni on vas;
s'en ta vida be no fas,
tu mezeis t'es escarnitz
e si s'en part l'esperitz,   25
carguatz de peccatz mortals,
ta mortz es perpetuals.

IV. Donc garda cum obraras,
mentre vida te soste,
qu'en pauc d'ora s'esdeve   30
que om mor en un traspas;
per qu'om non deu esser las
de ben far, quan n'es aizitz;
qu'en breu de tems es falhitz
lo jois d'aquest segle fals,   35
qu'a totz es mortz cominals.

V. Non i a frevol ni fort
que tan sapcha d'escremir

---

21 greu er C — ten soues E, ti souens f, te souen G e, ti soue
J R — sel ne ti s. Y — Si dontcas no ti sobes t — 22 mogutz
J R f i — e ont v. Y — un es v. n. un v. P S — 23 sin C J, si en R,
ni en t, e sen G e, que sen P S f, quar sa E, car sen Y — 24 tiest
J R, ten escarnis E, te scarnis G, nes e. P S, eis scarnit Y —
25 que si C, aisi s. p. E car sel s. Y — e sin pert lo speriz G
— 26 del P S, dels J — peccat mortal R — 27 la toa mortz E —
er p. C R f i, sera Y — perpetual R — qar a tutz es mors p. e.
28 Donx E J R f, Dun P S, Adont t, Ar e, At G, Or i — cant
o. R — 29 mentre que J, mentier que Y, mens que G, meinç
que e, tan quan C, tan com P S — vidat soste J, vide te sostes
E, v. ti sosten f — 30 breu d'ora C R f t, breu de temps G —
qa mantas uez e, car mainte feis Y — sendebe t, se deuen G,
qen deuen e, deuient Y — 31 com mor E, com sen mor G, com
es mors P S, fehlt t — 32 pour que Y — deuria G e — p. que
non qeu hom t — V. 33—47 sind in E durch Ausschneiden
verstümmelt, erhalten: de ... en breu de tems .... seigle fals
cat ... Eu no uei fet ... cha descremir ... quar non gar ...
zura ni tort ... e lo plus bel e ... per nuill pla ... trag. En no
sai ma .... se prengua d. s. — 33 q. est a. e, qui nes ai. G P S f,
en est aisit Y, car ades es auzit t — 34 pauc de t. G, breu dora
J R f t — quen breu dores hom f. i — car en breu t. Y, qan un sol
puntz e — es fenit t — 35 la iost R — 36 qu' fehlt G f t — la m. Y.
37 Quar noy a C, Eu no vei E P S e, Qeu non uei G, Que
heu ni uey Y — feble n. f. G Y e, fet ... E — 38 qar t. e —
de lescremir Y.

qu'a la mort puesca gandir;
qu'il non garda agur ni sort,   40
dreg ni mezura ni tort;
qu'aissi tost pren lo melhor
c'l plus bel co'l sordeior
e negus hom per nulh plag
no's pot gardar del sieu trag.   45

VI. Eu non sai mas un conort:
qu'om pesse de dieu servir
e qu'om se gart de falhir
mentre que vai vas la mort;
qu'a passar nos er al port   50
on tug passon ab dolor,
li rei e l'emperador,
e lai trob' om atrazag
lo ben c'l mal qu'om a fag.

39 o posca R — 40 tan guarde C, qe n. c, car ni g. Y, car
n. g. E, quil non val f — qui uol gardar aur ni sort R — 41 fehlt
in C — ni d. G P S c f — in Y nur: dreit me .., das übrige aus-
gekratzt — 42 quaitau t. G J R f i, cautressi Y — tost] leu f —
prendal m. c — melor C — 43 el p. b. c.] com fal c — com lo
peior G — col s.] cum fait un fol desmesurat Y — el plus ric cum lo
peior C — el plus pauc con la mayor f — 44 ni n. P S, pero
n c — e doncx nulh h. R, e ya negun f — mal plag J f, son
plag Ri, negun p. Y — 45 non puosc c — guaudir C R — nos
gardara f — de son t. C Y f i, daquel t. R, del soi t. c.
46 noi J R — Non y sai C, O ni as c, Ara non uei G, llour
ni uey Y, Non uei i — mas un fehlt G — 47 qe hom pens c, com
se pung P S, ... se prengua dieu s. E, com so(?) pens Y, mais
com pens G R f i, cal com p. J — en d. s. c — 48 c que s. g. E,
e ques garde J — se gardi P — e que ora s. g. Y — 49 m. quom
v. C R i, mentre sen v. P S, mentrom v. c — que fehlt E — vau
v. i — a l. m. R — menter con(?) enver l. m. Y, qades uas hom
u l. m. G — 50 qar P S c, que Y, e G — nos conven a. p. G P S
Y c f i — car nos cauem passar a. p. E — als portz f, a cel p. Y
— 51 pason tugh R i — a dolor E G Y c, ab paor R — 52 et r.
et c. P S Y c, e li r. el e. E, reys coms et c. R i, coms e reys enpera-
dors f — 53 trobon a. C — e lai trobarem J, lai trobarem E,
e trobarem f, aqui parra(n) R i — in Y von dem Verse auf
Rasur nur: tout entresait — 54 los be el mals G, el b. e. m. c,
lo mal el ben s, los mals els bes E, lor mals els ben i, li mal
el bel R — que an f. C, caurem f. E J f, cauras f. R, couen an
f. i — in Y nur: lou ben et ... que .. ge .. fait.

VII. A dieu prec per sa doussor 55
    que nos fassa tan d'onor
    que·ns guart de mortal aguag,
    tro son plazer ajam fag.

Coblenwechsel.

X.

Gr. 156, 4.

(Vergl. S. 22 u. 25.)

Handschrift: II 51; gedruckt Archiv 34, 405; M. G. 1134;
Studj di fil. rom. V, 519.

I.   En chantan volh que·m digatz,
      senh'en Blancatz,
    se vai l'emperaire
   vas la terra don deus fon natz,
      vos qu·en pessatz   5
    o que·n cuiatz faire;
    qu'eu volrai retraire
    zo que·us n'er veiaire,
    se·l viatge vos agenza
   o si·os platz la remanenza;   10
    c'ancor non a gaire
    qu'il contessa de Proenza
    dis *que* per sa entendenza
    eratz gais e chantaire.
   En Blancatz li respondet en aquesta cobla:

II.   En Falquet, be*n* o sapchatz   15
      qu'eu sui amatz
    et am ses cor vaire
   leis en cui es fina beutatz

---

55 Preguem (preghen c) dieu J c, Hour prion deu Y —
56 fehlt in G P S Y c f — quelh n. C i, quem E — 57 guar C
— quem g. E G P S f, qe nesgard c, nos g. R — del m. a. C P S
— 58 trol sieu p. J R c — lajam C, li ayam f — aia E P S — tant
que son plaixer ayan fait Y — pro qaia mais de ben faiz G. —
7, 8 Qeu volrai qem digatz Zo qeus ner neiaire Qeu volrai
retraire — 9 e s. viatz — 13 que fehlt — 15 be — o fehlt. —
19 en lei c.

e gais solatz;
qu'cla·m po desfaire   20
e se·s vol refaire,
que de prez es maire;
ab sen et ab conoissenza
et ab bels dichz de plaisenza
sap cor de cors traire;   25
eu farai ma penedenza
zai antre mar e Durenza
apres del seu repaire.

XI.

Gr. 156, 9 und 310, 2.

(Vergl. S. 27.)

Handschrift: H 54; gedruckt Archiv 34,412; Studj di fil.
rom. V, 534.

Falquet de Roman a Nicolez:

I.   Nicolet, gran malenansa
     ac, can vos vi desconfire;
     mais vos valgron que la lanza
     li esperon, zo auc dire;
     d'aizo no ros podetz esdire   5
     que l'ausberc e·l bran rudolen
     rendes ses colp ad un serven,
     ni no·us en podetz escondire;
     gardatz si fezes falhimen
     vas la bella que·us acuolh gen.   10

     Nicolez de Turrin li respondet:

II. Trop son de dur' acoindanza
     Borgonhon, per qe·ls adire,
     Falquet, qu'a la comensansa
     me tolgron solatz e rire;
     enoios son al meu albire,   15
     per que·m parti de lor fugen
     e segi lo comte valen

---

21 resfaire.
3 qe mais — 5 no vos] nos — 10 la bel.
11 dura coindanza — 17 segil e.

Godofre de cui sui servire
e·l pro comt' Ubert cissamen
c'avia de vezer talen.   20

XII.

Gr. 181, 1 und 156, 1.

(Vergl. S. 27.)

Handschrift: II 51; gedruckt Archiv 34,407; Studj di fil.
rom. V, 522.

Lo coms de Blandra:

I. Pois vezem qu'el fond e pela,
Falquez, e no gara cui,
s'eu era no·m gart de lui,
serai folz, zo poira dire;
doncs conselh li darai gen —   5
et er folz s'el no l'enten —
c'ades son viatge
tenha dreit vas son estatge;
que zai van las genz disen
que per cinc cenz marcs d'argen   10
no·ill calria metre gage.

Falquetz de Roman li respos:

II. Aissi com la clara stella
guida las naus e condui,
si guida bos prez selui
qu'es valens, francs e servire,   15
e sel fai gran falhimen
que fo pros e s'en repen
per avol corage;
que un sai tal c'a mes en gage
prez e valor e joven   20
si que·l febres lo repren
qui l'enquer, tant lh'es salvage.

---

5 pero c. — 7,8 cades tegna s. v. Dreit lai v. s. c.
18 per flac a. c. — 21 si qe la f.

Epistel.
XIII.
Gr. § 29.
(Vergl. S. 17 ff.)

Handschriften: G 120, L 57, N 20, c 17; dazu kommt möglicherweise noch die Handschrift von Saragossa, da diese ein mit den Worten *Eu pren comiat* beginnendes Gedicht enthält, vergl. das Vorwort. Der Brief wird in G dem Pons von Capdoill zugeschrieben, er steht anonym in L N; die richtige Attribution *Folchet de Roman* findet sich nur in c.

Gedruckt sind bei Rayn. Lex. rom. I, 489 V. 1—70, 83—94, 105—144, 150—164, 169—175, 181—254 nach L; nach c ist das Gedicht gedruckt bei Napolski, Pons de Capdoill, Halle 1880, S. 108.

Die Orthographie ist die von c; N konnte ich nicht benutzen.

Donna, eu pren comjat de vos,
ez anc non fui plus angoissos
com soi de vostra departia;
e comant vos a deu, m'amia,
per cui mos cors languis e font,   5
que mais vos am que ren del mont;
car depuesc que·us parlai ni·us vic,
ren del mont tan non m'abelic;
car neguna tan ben non fai
tot quant a valen pretz s'eschai,   10
ni neguna tan ben non di
bels plazers ni tan gen non ri.
Qu'ab bel semblan, franc e cortes,
avez mon cor lassat e pres,
tan que d'al re non pueis pensar   15
mais de vos servir et onrar;
e s'en grat servir vos sabia,
jamais marriment non auria,
donna, que ja no·m valha deus,
se melhz non soi vostre que meus.   20
Que la nueit, quan soi endurmiz,
s'en vai a vos mos esperiz;
donna, ar ai eu tan de ben

4 m' fehlt G c — 10 t. qu.] cho q̄ G — 16 et amar G c — 22 ab v. G — 23 donna ar agues eu, eu einkorrigiert, c — ar ai] argues, übergeschrieben au, G.

que quan resvelh e m'en soven,
per pauc no·m volh los olhz crebar,   25
quar s'entremetton del velhar;
e vauc vos per lo leich cerchan,
e quan no·us trob, reman ploran;
qu'eu volria toz temps dormir,
qu'eu sonjan vos pogues tenir.   30
Mas aissi, con vos plaira, sia,
qu'en vos es ma morz e ma via;
qu'autra no me pot ajudar,
vos me podez far e desfar;
qu'eu am pro mais per vos morir   35
que per autra domna guarir;
mas vos n'aurez pechat e tort,
se mais non m'amaz viu que mort.
E sai ben que gran ardimen
faz, domna, quar en vos m'enten,   40
que ben sai c'a mi non s'atanh;
pero fai que fol qui no·s planh
al mege qui lo pot guarir;
qu'om non se deu laissar morir,
que non fassa son mal saber   45
al mege qui li pot valer;
per qu'eu o faz saber a vos,
bella donna, valenz e pros,
de cui tenh tot quant ai en feu;
e comandarai vos a deu,   50
que senz cor vauc e senz cor venh,
e ses cor ades me sostenh,
que de cor soi mondes e blos,
bella domna, vos n'avez dos;
que vos avez lo meu e·l vostre,   55
et ai ben talen que·l vos mostre:
quan preses mon anellet d'or,
mi traisses dinz del cors lo cor,
qu'anc pueis en mon poder non fo,

---

25 no v. G — 26 sentremettent e — 31 com p. e — 41 a]
ab G — c'a mi] ca mort e — 42 fai fol qi no se (sen) p. G e —
48 cortesza e p. L — 56 qe v. G e.

anz remas en vostra preiso ;   60
e vos per fin' amor enteira,
domna, mi des vostr' almosneira,
don eu vos rent cinc cenz merces,
qu'amorosamen m'avez pres;
e farez peccat a sobrer,   65
s'auciez vostre preisoner,
domna; mais d'aitan me conort
qu'anc om non fez tan bella mort
com eu farai, s'eu mor per vos,
per que·n dei esser mout jojos;   70
qu'eu non cre que negus fos naz
con tan bel glavi fos navraz
com eu soi, ni ab tan plazen;
o muer' o vin', a vos mi ren;
que vostre cors non a parelh   75
en tan quan hom vei lo solelh,
que tan l'avez bel e ben fach
qu'il autre·m semblan esser lach;
que quan vei la gul' e la fassa,
plus blancha que neus sobre glassa,   80
e vei lo menton ben assis,
ben cuch esser en paradis;
e quan vei la bocca vermelha
qu'anc deus non sap far sa parelha
per baisar ni per rire gen   85
ni per enamorar la gen,
adonc soi eu enamoraz
que non sai que dic ni que faz;
e quan vei vostras bellas denz,
plus blanchas que n'es fins argenz,   90
e vostra color natural
que deus fez que no·i a ren al,
aissi soi d'amor entrepres
que, qui·m sona, no·ill respon ges.
Quan vei vostre bel nas traitiz   95

70 p. qu.] qeu en G — 74 on muoira ō uia G — 77 tan
fehlt G — 78 que li au. L — m fehlt G — 84 la p. G — 94 noi
r. L, non r. e — 95 traitz e.

e·ls cils, ginhosez e petiz,
e·ls bels olhs, rienz en la testa,
de joi faz dinz mon cor gran festa;
e quan vei lo fron bel e blanc,
tal que son parelh non vi anc,   100
e vei los cabelhz genz e sors
qui reluison plus que fins ors,
si soi esperduz e pensis
que non sai, si soi morz o vis.
Domna, no·us aus dir mon corage,   105
mas, si be·m volez el visage
esgardar, lo·i porez chausir,
que·us es cella qui·m fai murir,
e si esguardaz cals vos ez,
de qual beutat e de qual prez,   110
ni de mi, qui soi ni quan valh,
toz temps viurai mais ab trebalh;
mas non mi deu noire parages
ni riqueza ni auz linhages;
c'om non deu gardar en amor   115
gran parage ni gran richor;
qu'amors deu esser comunals,
pois l'uns es ves l'autre lejals;
quar fin'amors pren a amic
tan tost lo paubre com lo ric,   120
e val mais merces que razos
en amor, so dis Salamos;
per qu'eu dei ben trobar merce
en vos, pos mais vos am que re;
domna, tot aissi o fai deus,   125
quar, qui melhz lama, melhz es seus.
Donc, pos eu vos am mais e plus,
melhz vos dei aver que negus;
que vostr' om soi e vostre sers,
plus obediens qu'uns convers;   130
e s'en amor volez entendre,
non vos devez ves mi defendre,

98 gran fehlt G — 105 au e — 106 ben v. e — 107 lor c, lo
G — 108 faiz G — 109 escz e — 110 c] ni G — 112 a t. G.

qu'encar non fassaz mos plazers,
se·l deus d'amor es dreiz ni vers.
Que tan vos soi ferms e lejals   135
que Tristans fo vers Ysout fals
contra mi, e vers Blanchaflor
Floris ac cor galiador.
Envers vos soi tan francs e fis
que, quan truep omen del pais   140
on vos estaz, no·il aus parlar
ni·m pueis partir ni·m sai lonhar,
anz li vauc demandant razos
tant que lo faz parlar de vos;
e adonc non me pueis tener   145
en pes, anz mi ven a chaer,
si que vergonha n'ai soven;
chascuns s'en vai aperceven;
qu'eu non o pueis far desconoisser,
qu'uns orbs o poria conoisser   150
que vos m'avez pres e lazat;
e volgr' aguesses la mitat
o·l terz o·l quart del mal qu'eu ai,
qu'adonc sabriaz co m'estai.
Mas vos non sentez la dolor   155
ni·l mal qui·m ven de fin amor,
ez eu non serai jamais lez,
se vos vostra part non sentez;
qu'adonc sabriaz vos de ver
que·us es cella qui·m fai doler;   160
qu'altre mal mi semblavan juec
tan qu'eu senti d'amor lo fuec.
Vers es l'eixemples de Rainart:
tals se cuida chalfar qui s'art;
quar el primer acondamen   165
me trais pres de vos planamen,
e vos ab joi et ab solaz

133,34 mon plazer…ver L c — 134 e v. L — 136 Ysentz L
— 139 Envers] E. que L, Aues qe G, Aues qeu c; tan fehlt G c
— 144 qeu G — los f. L — 146 mi ven] maue L — se v. G —
150 poriad c — 161 qautres mals L — 165 lo p. G.

mi tendez en rient un laz
qu'eu non gardei tro que fui pres:
aissi fui d'amor sobrepres.　　　　　170
E pagues mi ben coma fol,
quan mi meses lo braz al col
c·m disses qu'eu era primers
amics e seria derers
don vos anc fos enamorada;　　　　175
ar fos la veritaz provada!
A! que n'agues crebat l'un huelh!
Domna, ben sai qu'eu dic orguelh,
mas non m'en devez piez voler,
que per toz luecs vos ai dit ver;　　180
e se·m tenez en tal balansa,
companhz serai Andreu de Fransa
que mori per amor s'amia;
e pueis venc tart la repentia;
qu'ella s'en repenti mout fort,　　　185
quar non l'ac eschapat de mort.
Atrestal avenra de me,
domna, se non avez merce;
que, s'en breu temps non m'ajudaz,
mort mi trobarez, so sapchaz,　　　190
e so es ben veritaz pura
que trobem en sainta scritura:
que domna que aucit lo seu
a escien, non vei pueis deu.
Ma bella domna, se vos plaz,　　　195
de mi vos prenda pietaz;
que mort me podez far cazer
o viu me podez retener;
qu'eu soi tot en vostra merce,
faire mi podez mal o be.　　　　　200
Mas eu·s prec per vostra franquesa,
quar es del mont la plus cortesa,
la plus plazens e la plus bella,

---

171 cō a f. L — 173 eu dis quez eu G — 175 donc c —
177 Ab que L — 187 auentura d. m. c, avengra d. m. L — 195 sill L
— 201 eu p. G.

c cil qui genzer se capdella,
qu'un pauc m'aleugez mon martir,   205
quar ren del mon tan non desir
com faz vostre bel cors lejal;
que deu non sai querre ren al,
domna, mas que·us meta bon cor
vas vostr' amic qui per vos mor;   210
qu'eu vos dirai que m'esdeve
per vos c'am mais que nulla re:
quan m'en soi intraz al moster,
si com autres pechaires quer
a deu perdon de sos pechaz,   215
ez eu vos or entre mos braz;
qu'eu non sai far autr' orazon,
anz pens tant a vostra faison,
que quan eu cuit dir patre nostre,
ez eu dic: domna, tot soi vostre;   220
aissi m'avez enfoletit
que deu e me en entroblit.
Pero tant es granz la vertuz
de vos, a cui me soi renduz
que, si·m faziaz d'amor tan   225
que me retenguesses baisan,
mos maltraichz, qu'es pejers que morz,
devenria jois e deporz
e serian tuit mei sospir
e mei afan e mei desir   230
tornat en joi et en dolzor;
que tals es la forsa d'amor
qu'uns bens fai oblidar cent mals
e uns jois cent iras mortals,
ni non sab d'amor ben jausir   235
qui non sab celar e sofrir,
ni ja non sera benananz
qui non es sofrenz e celanz.

205 maleugesez L c, malegras G — 208 qua d. L — 211 mes
desie c — 213 el m. G   215 perdōs G = 219 eu fehlt, dire, G
— 221 enfollit c — 222 en] m̄ L — 225 si·m] sen c.

Enaissi o cre et o cuit,
e d'aiso sai eu mais que tuit,   240
qu'e mi non a ren mais amors;
qu'aisi·m faderont tres scrors
en aquel' ora qu'eu fui naz,
que toz temps fos enamoraz,
qu'amors no·s partes ja de me   245
ni eu d'amor per nulla re;
d'amor soi e d'amor me plai
tot quant ella mi dis ni fai,
qu'eu soi faiz per domna servir,
qu'anc res no·m poch tant abellir.   250
Midonz m'autrei, midonz mi ren,
qu'eu nasqui per far son talen,
c valha mi deus e merces
en s'amor e ma bona fes.

239 o vor cre fehlt c — 249 dōnas L.

Anmerkungen.

I.

Schema: 5 a′ 7 b 5a′ 7 b | 7 a′ 3 b 3 b 7 b

6 Strophen, 1 Tornada, *coblas singulars*. Die Tornada übernimmt von der letzten Strophe nur den Reim b, für a tritt ein neuer Reim ein, welcher also ohne Bindung bleibt. Ein Gedicht gleicher Form ist bei Maus, Peire Cardenal's Strophenbau (Ausg. u. Abh. V) nicht verzeichnet.

16. *em chant*. Reflexives *chantar* findet sich auch in dem von Tobler in den Sitzungsber. der Berliner Ak. d. Wiss. 1885 II, 941 edirten Liede des Bernart von Ventadorn Gr. 70, 24 nach der Lesart von C E: *Atressi·m chant e m'esbaudei*; Tobler nimmt es in den Text auf mit der Bemerkung, der reflexive Gebrauch von *chantar* „sei wohl denkbar, wenn auch vielleicht nicht erweislich"; vgl. dazu Diez, Gr. III⁴, 192.

19. Als Objekt zu *mi lansa* ist *erguelh ni pezansa* zu ergänzen: „weil sie mir ihn, d. i. den Kummer, so fern hält." Man vermisst das hinweisende Pronomen; vielleicht ist *mi·l lansa* zu lesen.

25. *Si nonquam remire* „wenn ich auch nimmer schaue." Appel liesst *Si non quan*, was aber, wie er selbst anmerkt, keinen passenden Sinn giebt; die Correctur rührt her von Levy, Litteraturblatt XIV, Sp. 17.

37. *be m'o tengra a folhatge* etc. „wohl würde ich es als eine Torheit betrachtet haben, wenn mir Jemand gesagt hätte, dass solches Glück mir dadurch zu Teil werden könnte." Das Relativum mit condicionalem Sinn = *si quis* ist im Prov. häufig, vgl. Diez, Gr. III⁴, 384, auch Tobler, Vermischte Beiträge zur franz. Gramm. S. 99. Ueber den Gebrauch des einfachen Tempus für das umschriebene im condicionalen Satzgefüge (*tengra — disses* für *agues tengut — agues dit*) handelt Diez, ib. 365.

45. *lai* ist zweisilbig.

II.

Schema: 10 a 10 a 10 a 10 a 10 a 10 a 10 a 10 a 4 b′

5 Strophen, *coblas singulars*. Die Cäsur steht überall nach der betonten 4. Silbe; epische Cäsur liegt vor im ersten Verse jeder Strophe sowie V. 15 und 32.

Gleiche Form hat der Strophenwechsel Gui's von Cavaillon mit Bertran Folco von Avignon Gr. 192, 2 = 83, 2: *Doas coblas farai en aquest so* (Arch. 34, 406), nur hat die Refrainzeile, welche, wie in unserem Liede, die Anrede enthält, männlichen Reim. Der Strophenwechsel fällt nach Schultz, Zeitschrift IX, 126 Ende 1218 oder Anfang 1219. Da das Lied keine sichere Datierung zulässt, so muss es unentschieden bleiben, auf welcher Seite die Priorität ist. Strophen aus einreimigen oder assonirenden 10-Silbnern mit viersilbiger Refrainzeile wurden bekanntlich in der alten Romanzendichtung verwendet; der Refrainzeile entbehrend begegnen sie auch sonst nicht selten; wie es scheint, wurden sie, ihrem epischen Charakter entsprechend, zumeist in Sirventesen angewandt. Aus Strophen von je 5 einreimigen 10-Silbnern mit 6-silbiger Refrainzeile besteht das berühmte, im Kerker gedichtete Lied des Richard Löwenherz Gr. 420, 2. — Ueber die Verwendung der Refrainzeile in der provenzalischen Lyrik vergl. Maus, a. a. O. S. 94 Anm. 20.

6. Wie schon die Herausgeber des Raoul de Cambrai S. L bemerkt haben, enthält dieses Epos in der uns vorliegenden Fassung nichts, worauf sich Folquet's Anspielung beziehen könnte; Raoul hat allerdings eine Geliebte, Heluis de Ponthieu, aber diese tritt erst nach Raoul's Tode, Tirade 180—182, auf. Birch-Hirschfeld, Epische Stoffe S. 76 meint, der Dichter nenne den Raoul hier wohl nur, weil er einen Reim auf *ais* brauchte; ich möchte eher glauben, dass ihm das Epos in einer von der uns vorliegenden abweichenden Fassung bekannt war.

7. Anspielung auf V. 2035 ff. des Romans von Flore und Blancheflore ed. du Méril, Paris 1856. Erwähnungen dieses Romans bei anderen provenzalischen Dichtern s. bei Birch-Hirschfeld, a. a. O. S. 31.

III.

Schema: 7 a 7 b 7 b 7 a | 7 c' 7 c' 7 d 7 d 7 c'

5 Strophen, 1 Tornada, *coblas unisonans.*
Gleiche Form und gleiche Reime zeigen noch drei uns erhaltene Gedichte, nämlich Arnaut Plagues 1, hgg. von Appel, Peire Rogier S. 85, Bernart von Tot-lo-Mons 3, hgg. von demselben, Prov. Inedita S. 47, sowie Uc von St. Circ 21, hgg. von Witthoeft, Sirventes Joglaresc S. 54; die Herausgeber haben an den genannten Stellen zugleich über die Form gehandelt. Vorbild für die übrigen war nach dem Zeugniss des Uc von St. Circ das Lied des Arnaut Plagues:

> *Messonget, un sirventes*
> *m'as quist, e donar lo t'ay*
> *al plus tost que ieu poirai*
> *el son d'en Arnaut Plagues.*

Das Gedicht des Bernart ist wie das des Folquet eine Sirventes-Canzone; dieser Umstand, sowie die auf der einen oder anderen Seite doch wohl auf Reminiscenz beruhende, fast vollkommene Uebereinstimmung von V. 35 bei Bernart: *ni fals lausengiers destrics* und V. 25 bei Folquet: *ni fals lausengiers enics* machen es wahrscheinlich, dass dem einen von beiden das Gedicht des anderen als Muster gedient hat. Bernart's Lebenszeit steht nicht fest; ist mit dem von Bernart genannten Grafen Heinrich, wie Chabaneau vermutet, der Graf Heinrich II. von Rhodes (1274—1302) gemeint, so wäre die Priorität auf Folquet's Seite; ist er dagegen identisch mit Heinrich I. von Rhodes (1214-27), wie Appel wohl für möglich hält, so könnte das Verhältniss auch ein umgekehrtes sein. (Appel findet hier, nebenbei bemerkt, eine Schwierigkeit darin, dass Bernart 2 V. 22—24 (Inedita S. 46) einen Grafen von Comminge und Astarac preise, während doch die beiden Grafschaften nicht vereinigt waren. Die betreffende Stelle lautet bei Appel:

> *pero pels pros es plus prezatz*
> *lo coms de Cumenges, sapchatz,*
> *(de bonas gens vuelh dire be)*
> *e d'Astarac, que pretz mante.*

Der Anstoss ist leicht zu beseitigen, wenn man nicht, wie Appel thut, V. 22 als Parenthese betrachtet, sondern hinter *sapchatz* Semikolon setzt und *d'Astarac* als abhängig fasst von *dire be*: „von guten Leuten will ich gutes reden und — speciell — von Astarac d. i. vom Grafen von Astarac.")

14, 15. Diese beiden Verse sind vollkommen identisch mit zwei Versen bei Raimon von Miraval Gr. 406,42 (M. G. 1089) Str. IV; die Strophe wird citirt in Raimon Vidall's Novelle *So fo el temps c'om era jays* und lautet in der Ausgabe von Cornicelius, Berlin 1888, V. 681—88 folgendermassen:

> *Pus ma dona m'a coven*
> *c'autr'amic non am ni bays,*
> *ia dieus no·m sia verays,*
> *s'ieu ia per null'autra·l men;*
> *c'ab lieys ai tot cant volia*
> *d'amor e de drudaria;*
> *que menor ioy ni pus manh*
> *no vuelh c'ab lieys mi remanh.*

Wir haben es also bei einem der beiden Dichter mit einer Reminiscenz zu thun. Das Lied des Miraval, der noch zwischen 1216 und 1218 am Leben war (Diez, L. u. W.² S. 319) muss, da unter dem in der Tornada genannten Audiart Raimon VI. von Toulouse zu verstehen ist (Diez, S. 308), innerhalb der Jahre 1194—1222 entstanden sein, eine genauere Datirung ist, soweit ich sehe, nicht möglich; das Lied Folquet's stammt, wie in der Einleitung gezeigt, aus den Jahren 1212—1220. Die Frage, bei welchem der beiden Dichter Reminiscenz vorliegt, lässt sich mithin mit vollkommener Sicherheit nicht entscheiden. Da indess Miraval der weitaus bekanntere und auch der ältere ist — der Beginn seiner dichterischen Thätigkeit wäre nach Suchier, Jahrbuch XIV, 122 um 1180 anzusetzen —, so ist es sehr wahrscheinlich, dass die Reminiscenz auf Seiten Folquet's ist.

28. *mossenher lo marques.* Vgl. S. 23.

37. *Et* „und doch".

39. *sos paire.* Vgl. S. 22.

43. *Salonics.* Nach der Eroberung von Constantinopel, Ende September 1204, war Bonifaz das Königreich Thessalonich zugefallen.

46. *Malespina.* Entweder Wilhelm (1194—1220) oder Conrad I. (1196—?). „Der Name des Gebiets fiel bei den Malaspina mit dem Geschlechtsnamen vollkommen zusammen", in den Urkunden und Chroniken stets *marchio Malaspina,* Gen. *marchionis Malaspinae* etc., vgl. Schultz, Briefe des Raimbaut von Vaqueiras S. 63.

IV.

Schema: 8 a 5 b 5 b 8 a | 5 c 8 c 8 d 8 d

4 Strophen, 1 Tornada, *coblas unisonans; be* in der letzten Zeile der Strophe ist Refrainwort. Die Form gehört bekanntlich zu den meistgebrauchten der provenzalischen Lyrik.

9. *plaisen.* Acc. in Funktion des Nom.

22. Appel schlägt vor, zur Erreichung der Silbenzahl zu lesen: *abm croi n i · m plai trop consilhars.*

27. Worauf sich dieser Vers bezieht, weiss ich nicht; von Dingen, zwischen denen der Kaiser eine Auswahl treffen könnte, ist im Vorhergehenden nicht die Rede. Sollte vielleicht eine Strophe ausgefallen sein? Das Gedicht mit seinen 4 Strophen ist auffallend kurz.

31, 32. Ich übersetze den durch Conjektur hergestellten Text: „Je mehr man (mir) erzählt, was man dort (beim Kaiser) sieht, um so mehr lobenswertes finde ich daran (an seinen Handlungen)." Jedenfalls muss dies ungefähr der Sinn der beiden Zeilen sein.

35. Der Vers hat bei Appel, wie dieser selbst bemerkt, eine Silbe zu viel.

V.

Schema: 6 a 6 b' 6 a 6 b' | 6 c 6 c 6 d 4 c 6 d 4 c 9 f'

5 Strophen, 2 Tornaden, *coblas unisonans; cor* und *mor,* als Reime durch sämmtliche Strophen hindurchgehend, sind Refrainworte, das erstere stets Obl. Sing. von *cor,* Herz, das letztere = *morit,* ausgenommen Strophe V, wo es = *Mauri;* weitere Beispiele für Verwendung von Refrainworten giebt Stimming, B. de Born¹ S. 192.

6*

Sehr beachtenswert ist der die Strophe schliessende Neunsilbner, der nach Bartsch, Zeitschr. III, 371 sonst von der Kunstpoesie der Franzosen wie der Provenzalen so gut wie ausgeschlossen ist. Die Leys I, 112 erklären, derselbe habe keinen angenehmen Rhythmus und sei deshalb von den alten Dichtern nicht angewandt worden; nur dann gewinne er einen besseren Klang, wenn nach der 4. oder 5. Silbe ein Reim eingefügt werde. Der Vers findet sich, abgesehen von dem in den Leys citirten Beispiel, im Provenzalischen nur noch ein einziges Mal, bei Guilhem Figueira ed. Levy Nr. 7, hier aber mit der Cäsur nach der 3. Silbe. Häufig begegnet er dagegen in altfranzösischen Refrains, also auf volkstümlichem Gebiet, s. die von Bartsch citirten Beispiele, der übrigens keltischen Ursprung für den Vers vermutet. Refrainartigen Charakter trägt er ja auch hier, durch seine Stellung am Strophenschluss, durch seine syntaktische Selbstständigkeit sowie dadurch, dass der Reim *ia* Korn ist. Eine feste Cäsur weist er nicht auf; dieselbe fällt Strophe II, IV, V und Torn. II nach der 3. Silbe, ist Strophe I und III wohl nach der 4. anzusetzen und scheint Torn. I überhaupt zu fehlen.

6. „Denn ich weiss Niemand, der augenblicklich stürbe." Dieser sonderbare Gedanke hat wohl nur den Zweck, die Anbringung des Refrainworts *mor* zu ermöglichen.

21. *joyan rizen*. Ueber solches „Unvermitteltes Zusammentreten von zwei Adjektiven oder Participien im Provenzalischen" handelt O. Schultz, Zeitschrift XVI, 513. Die Verbindung *rizen jogan* oder *joyan rizen* findet sich häufig. Die vorliegende Stelle citirt Sch. als Beispiel dafür, dass der Ausdruck formelhaft geworden ist.

24. *resancellar* ist bei Raynouard nicht verzeichnet; es ist jedenfalls = *resarcellar* und dieses eine Ableitung von im afr. belegten *resarcir*, „reprendre de la force, de la vigueur" (s. Godefroy).

35. *aja en son olh postella*. Weitere Beispiele für diese Verwünschung s. bei Stimming, B. de Born[1], S. 231.

38—43. Ich übersetze: „Herrin, nehmt hier mein Herz, denn besser ist es, dass es dort (d. i. bei Euch) stirbt (oder: besser ist es dort als dass es sterbe?); denn nicht einen Tag entfernte es mir (d. i. liess es mich vergessen) Eure schöne Gestalt und nichts ersehnte es so herzlich."

44. Der Vers hat in der Hds. eine Silbe zu wenig; den Vorschlag, für *desirs desiriers* zu lesen, macht schon Bartsch, Zeitschr. III, 371.

51. *destret* = *destrictus* hat ę, es liegt also unreiner Reim vor; solche unreine Reime von ę zu ẹ finden sich bei den Trobadors bekanntlich hie und da, s. die Beispiele welche Levy, Litteraturblatt IV, Sp. 319 zusammenstellt; ganz gewöhnlich sind sie bei dem Italiener Zorzi, vgl. Levy's Ausgabe S. 34.

62. *si* „ob nicht".

68. *ome valen*. Loos, Nominalflexion im Prov. (Ausg. u.

Abh. XVI) S. 33 bezweifelt das Vorkommen des hier durch das Versmass gesicherten N. S. *ome* für die ältere Zeit, während er allerdings für das 14. Jh. selbst Belege beibringt.

VI.

Schema: 7 a 5 b' 7 a 5 b' | 7 a 5 b' 5 c 7 c 5 b'

6 Strophen, 2 Tornaden, *coblas singulars.*
Das Sirventes stimmt in der Form überein mit Peire Raimon von Toulouse 10: *Pessamen ai e cossir* (M. W. I, 14), einer Canzone, nur haben wir hier *coblas doblas.* Da Peire wesentlich älter ist als Folquet — Diez setzt ihn in die Jahre 1170 — 1200, Folquet's Gedicht stammt aus dem Jahre 1220 oder 21, — so ist die Priorität auf seiner Seite.

33. *que'l roda no's vire.* Stimming, B. de Born[2], S. 197 citirt diesen Vers als Beispiel dafür, dass im Provenzalischen die französische Endung -*e* statt -*a* eintreten könne, — offenbar mit Unrecht, da *vire* doch Conj. ist: „Damit das Rad sich nicht drehe".

37 — 45. „Und ich liebe Gott, weil er ihn erhöht hat und ihm die Krone verliehen hat, und seinen Vetter, den Markgrafen, denn jeder urteilt, dass ihm (dem Kaiser) viel Gutes daraus (aus der Kaiserkrönung) erwachsen muss, und dieses Urteil ist richtig; denn ich sah, das versichere ich Euch, mit welcher Liebe ihm der Markgraf von Este begegnete und der Graf von Verona", d. h.: das freundliche Entgegenkommen, welches ihm schon die genannten beiden Fürsten bei seiner Krönung — oder in Folge seiner Krönung — bewiesen haben, berechtigt zu der Erwartung, dass ihm noch weiterer Segen aus derselben erwachsen wird. Das *li* V. 41, das ja syntaktisch auf den Markgrafen zu beziehen wäre, kann meines Erachtens trotzdem nur auf Kaiser Friedrich gehen, da, V. 55 — 59 zu Folge, unter dem *li* V. 44 und 46 doch allein er verstanden werden kann. Die Annahme, dass Folquet bei dem *li* das eine Mal den Markgrafen, das andere Mal den Kaiser im Sinne habe, ist doch wohl nicht zulässig.

37. *Et am dieu.* An sich würde mir die Lesart von C E R *e laus (lau) dieu* besser zusagen, aber das aufgestellte Handschriftenschema weist sie ab; wollte man sie als ursprünglich betrachten, so müsste man P S T von C E H R trennen und für A D I K und P S T eine gemeinsame Quelle statuiren. Dem würde ja nun in sofern nichts im Wege stehen, als die Ansetzung einer gemeinsamen Quelle für C E H R und P S T nicht allzu fest begründet ist. Indessen da anderweitige Indicien für eine Zusammengehörigkeit von A D l K und P S T nicht vorhanden sind und auch die von ihnen gebotene Lesart doch wohl zu rechtfertigen ist, so wagte ich es nicht, auf diese Stelle allein eine abweichende Auffassung des Handschriftenverhältnisses zu begründen.

39. *son cosin lo marques.* Cavedoni, Trovatori provenzali alla corte dei marchesi d'Este S. 276 vermutet, es sei hier vielleicht Azzo VII. von Este gemeint, der sich Vetter Friedrich's II. habe nennen können mit Rücksicht auf Giuditta von Este, Mutter Friedrich's I. Doch ist diese Beziehung natürlich ausgeschlossen, da ja Azzo gleich nachher, V. 44, als *cel d'Est* genannt wird. Vielmehr kann unter dem *cosin* kein anderer als der Markgraf Wilhelm von Monferrat verstanden werden, der auch in der den Strophen Hugo's von Berzé nachträglich angefügten zweiten Tornada (Rom. XVIII, 559) als Friedrich's „Vetter" bezeichnet wird. Das Haus Monferrat war mit den Hohenstaufen verwandt durch Wilhelm's Grossvater Wilhelm III., der Giulitta, die Schwester Kaiser Konrad's III., zur Frau hatte (Sicardi Chron. in Rer. it, Script. VII.) Uebrigens ist das Lob des *marques* an dieser Stelle wohl nur durch das Reimbedürfniss veranlasst, denn in den Gedankengang der Strophe passt der Vers nicht, da sich *li* V. 41 m. E., wie bemerkt, nur auf Friedrich beziehen kann und also über V. 39 hinweg wieder an V. 38 anknüpft.

44, 45. Die Lesart von C E II R ist zu verwerfen, da der Obliquus von *coms* im Provenzalischen stets zweisilbig ist, s. Loos, Nominalflexion im Prov. S. 33; der Vers hätte dann eine Silbe zu viel. Der Markgraf von Este ist Azzo VII. Novello, der Sohn Azzo's VI., der 1215 seinem Bruder Aldobrandino in der Regierung gefolgt war. Er war, damals erst 14-jährig (geb. 1206, vgl. Winkelmann, Philipp v. Schwaben und Otto IV. v. Braunschweig, II, 410), Friedrich bis Modena entgegengezogen und war bei der Kaiserkrönung anwesend, bei welcher Gelegenheit er mit der Mark Ancona belehnt wurde (Winkelmann, Friedrich II., I, 123). In dem Erlass Kaiser Friedrich's vom März 1221, in dem dieser ihm den Besitz aller seiner Erblande bestätigt, wird er bezeichnet als *dilectus fidelis noster Azzo Marchio Estensis* (Muratori, Antichità Estense I, 426). Mit dem Grafen von Verona kann nur Azzo's Freund und Verbündeter, der Graf Richard von San Bonifazio, gemeint sein, der in Verona eine grosse Rolle spielte und speciell im Jahre 1220 daselbst das Amt eines Podestà bekleidete (Chron. rer. Veron. in Onuphrii Panuvini Antiqu. Veron. S. 191).

VII.

Schema: S a S b 8 a 8 b | 6 c′ S d 8 d 6 c′ 8 d S d

6 Strophen, 2 Tornaden, *coblas unisonans.*

Ueber die Form handeln Levy, Guilhem Figueira S. 27 und Maus S. 50 — 53. Levy teilt den Abgesang in zwei dreigliedrige Versus; der regelmässig nach der 4. Zeile des Abgesanges eintretende Sinnesabschnitt scheint mir indessen mehr für die oben gegebene Gliederung zu sprechen. Maus verzeichnet nicht weniger als 5 Gedichte, welche gleichen Bau und gleiche Reime aufweisen.

Als Erfinder der Form betrachtet er den Guiraut von Bornelh (Nr. 51, M. W. I, 185), doch hält er auch die Möglichkeit nicht für ausgeschlossen, dass als solcher Bertran von Born (Nr. 42 bei Stimming[2]) zu betrachten sei. Ob übrigens Bertran's Lied wirklich, wie Maus annimmt, vor 1199 entstanden ist, bleibt nach Stimming S. 48 ungewiss, da das Geleit, auf welches sich die Zeitbestimmung gründet, möglicherweise unecht ist

1. Aehnlich sagt Guiraut von Bornelh 242,43: *A! co m'ave, dieus m'aiut, Qu'er, quan cug chantar, plor.* — *planc e plor.* Weitere Beispiele der Alliteration im Provenzalischen s. bei Stimming, B. de Born[1] S. 236; Appel, Peire Rogier S. 22; Kolsen, Guiraut von Bornelh, Berlin 1894, S. 106.

9. Es liegt eine Construktion $\dot{\alpha}\pi\dot{o}$ $\varkappa o\iota v o\tilde{v}$ vor; der gleiche Fall bei Schultz, Prov. Dichterinnen Nr. IV, 19.

18. *al premier passatge.* Wohl der 4. Kreuzzug, an dem Teil zu nehmen Folquet ja aufgefordert worden war, vgl. S. 12.

40. Die Podestàs in den lombardischen Städten wechselten bekanntlich jährlich.

VIII.

Schema: 10 a 10 b 10 b 10 a | 10 c 10 b 10 b 10 c

5 Strophen, *coblas unisonans.*

Gleichen Bau und gleiche Reime weist auf Richard von Berbezill 10: *Tuit demandon qu'es devengud' amors* (M. W. III, 36). Richard blühte nach Diez, L. u. W.[2], S. 432 zu Anfang des 13. Jh.; da sein Lied eine Canzone ist, das vorliegende aber ein Sirventes, so wird er als der Erfinder der Form zu betrachten sein.

2. „Und da ich an Stoff grosse Billigkeit finde" d. i. da sich mir reichlicher Stoff zum Singen darbietet. Die Uebersetzung von Rayn. Lex. V, 544, wo die Stelle citirt wird: *De raison je trouve moult grand avilissement* halte ich nicht für zutreffend.

13. *e* „und doch", wie III, 37.

14—16. V. 14 steht zu den beiden folgenden in gegensätzlichem Verhältniss: sein Erbe wird jeder verlassen, aber seine Sünden wird er am jüngsten Tage wiederfinden.

22—24. *que no·ls er perdonat.* Es liegt hier offenbar der von Diez, Gr.[4] III, 339 besprochene Fall vor, dass „der mit der Copula eingeleitete Satz einem Gegenstand des Hauptsatzes irgend ein näher bestimmendes Verhältniss beilegt"; *que no* = „in der Weise, dass nicht", „ohne dass". — *no·ls. los* für *lor* belegt Bohnhardt, das Personal-Pronomen im Altprov. (Ausg. u. Abh. LXXIV), S. 38 aus gascognischen Texten; häufig ist es im Catalanischen, s. Appel, Peire Rogier, Anm. zu 1, 19; enklitisch angelehnt findet es sich auch Bartsch, Chrest.[4] 334, 38; 347, 10; 400, 21.

IX.

Schema: 7 a 7 b 7 b 7 a | 7 a 7 c 7 c 7 d 7 d

6 Strophen, 1 Tornada, *coblas doblas.*
Ein Gedicht von identischem Bau scheint nicht zu existiren;
dagegen findet sich die gleiche Reimordnung allerdings häufig.

5. Der Vers hat in allen Handschriften ausser in C, dem
ich folge, eine Silbe zu viel; das Asyndeton und das Fehlen
des Artikels bei *ricors* ist freilich auffällig; ich wüsste aber nicht,
wie Abhülfe geschafft werden sollte.

37. *No i* wird allerdings häufiger einsilbig gebraucht, doch
findet es sich auch zweisilbig nicht eben selten, vgl. Suchier,
Dkm. S. 510, Anm. 9.

40, 41. Aehnlich im Girart de Ross. (ed. K. Hoffmann) V. 5093:
No i ac gardat mesura, agur ni sort.

X.

Schema: 7 a 4 a 5 b' 8 a 4 a 5 b' | 5 b' 5 b' 7 c' 7 c' 5 b' 7 c' 7 c' 6 b'

Ein Gedicht von gleichem Bau existirt nicht.

1. Der correspondirende Vers von Strophe II hat nur 6 Silben;
auf welcher Seite der Fehler ist, lässt sich nicht entscheiden,
doch liegt die Annahme wol am nächsten, dass vor *sapchatz* ein
o oder *lo* ausgefallen sei.

7, 8. Vers 7 der Handschrift wird als unecht erwiesen durch
Strophe II, welche an dieser Stelle augenscheinlich einen correkten
Text bietet, während in Strophe I schon die Wiederholung von *Qeu
volrai* V. 7 und 9 der Hds. auf Textverderbniss schliessen lässt.

9. *viatge* ist Conjektur; ein Substantivum *viatz*, welches
die Handschrift bietet, existirt meines Wissens nicht.

XI.

Schema: 7 a' 7 b' 7 a' 7 b' | 8 b' 8 c 8 c 8 b' 8 c 8 c

Im Bau sowohl als in den Reimen stimmt mit dieser Cobla
überein Gaucelm Faidit 17: *Cora quem des benanansa* (M. G. 125),
eine Maria von Ventadorn feiernde Canzone, welche nach
Robert Meyer, Gaucelm Faidit. Heidelb. Diss. 1876 in die
Jahre 1199—1201 fällt. Die Priorität kommt also Gaucelm zu.

XII.

Schema: 7 a' 7 b 7 b 7 c' | 7 d 7 d 5 c' 7 e' 7 d 7 d 7 e'

Die ursprüngliche Silbenzahl einiger Verse konnte, da sie
in beiden Strophen einige Male differirt und aus dem Text nicht
hervorgeht, auf welcher Seite der Fehler ist, nur ermittelt
werden auf Grund eines Vergleiches mit Peire Raimon von
Toulouse 5: *Atressi cum la candela* (Bartsch, Chrest.⁴ S. 87),

einer Canzone, die gleichen Bau und in Str. I und VI auch gleiche
Reime aufweist mit dem vorliegenden Coblenwechsel (Peire's Gedicht zeigt teilweisen Reimwechsel von Strophe zu Strophe, Str.
VI hat schliesslich wieder die gleichen Reime wie Str. I, jedoch in
anderer Reihenfolge). Peire's Canzone ist vor 1196 entstanden,
da mit dem König von Aragon, an den sie sich wendet, Alfons II.
gemeint ist (Diez, L. u. W.² S. 98); die Priorität ist natürlich
auf Seiten Peire's.

1. *tond e pela* „scheert und rupft". Die Verbindung begegnet
in übertragenem Sinn öfter, so B. de Born ed. Stimming² 14, 24:
e no·ls enoi se be·ls pela ni·ls ton; P. Cardenal 51, 15: *cobeitatz
pela e ton e rauba et acuza e pren.* In gleichem Sinn findet
sich in der Verbindung mit *tondre* gebraucht *raire*, s. die Beispiele bei Stimming¹ Anm. zu 28, 9. Im Gegensatz stehen *pelar*
und *tondre* bei Guiraut von Bornelh 69, 28, Ausg. von Kolsen,
G. v. B. Berlin 1894, S. 77: *Mais vuelh pelar mon prat c' autre
lo·m tonda.* (Der Herausgeber fasst in den Anm. S. 107 *pelar*
„enthaaren, die Haare abbrühen" im Sinn von „gänzlich enthaaren",
tondre „abscheeren" im Sinn von „nur teilweise der Haare berauben". Diese Auffassung und die auf ihr beruhende Deutung
der Stelle S. 95 vermag ich nicht für zutreffend zu halten. Dass
ich „lieber den ganzen Ertrag meines Feldes selbst einernte, als
dass ich einen Anderen einen Teil davon nehmen lasse", das
versteht sich denn doch wohl von selbst. Der Sinn der Stelle
kann dem Zusammenhang nach nur der sein: entweder umgekehrt:
Lieber will ich den Ertrag meines Feldes nur teilweise —
oder: gar nicht (*pelar* = ausrupfen vor Eintritt der Reife?) —
einernten, als dass ein Anderer ihn nimmt, oder aber: Lieber
will ich den Ertrag meines Feldes langsam, mit Mühe einernten, als dass ein Anderer ihn erntet (*pelar* = abrupfen d. i.
mühsam, langsam ernten, *tondre*, abmähen, ernten schlechthin?).

5. Der Vers hat in der Hds. eine Silbe zu viel, wie der
correspondirende Vers bei P. Raimon beweist; *doncs* ist Conjektur.

7, 8. V. 7 hat in der Hds. zwei Silben zu viel, V. 8 eine zu
wenig, wie wiederum ein Vergleich mit P. Raimon zeigt; von
den verschiedenen sich darbietenden Möglichkeiten einer Remedur
dürfte die in den Text aufgenommene die nächstliegende sein,
da sich die Ueberlieferung der Hds. dann sehr einfach erklärt
durch die Annahme, ein Copist habe *tenga* zu V. 7 gezogen,
habe dann des Reimes wegen *tenga* und *son viatge* umgestellt
und V. 8 behufs Erreichung der erforderlichen Silbenzahl *lai*,
zweisilbig gesprochen, eingefügt.

18. Der Vers hat in der Hds. eine Silbe zu viel; *flac* ist
entbehrlich.

XIII.

23. „Herrin, dann (nämlich wenn mein Geist bei Euch
weilt) bin ich so glücklich, dass etc." Die Lesart von e, auf die

auch die Lesart von G wol zurückgeht, liesse sich zwar zur Not auch rechtfertigen: „Herrin, wäre ich doch jetzt (nämlich wachend) so glücklich (sc. wie ich im Traum bin)! denn etc."; indessen kann an der Ursprünglichkeit der Lesart von L kein Zweifel sein.

29. *qu'eu volria toz temps dormir* etc., Anders empfindet der Verfasser des von P. Meyer, Bibl. de l' Éc. des Chartes 28, 139 publicirten Briefes; dieser verkürzt sich den Schlaf nach Möglichkeit, um wachend möglichst viel an die Geliebte denken zu können:

V. 181. *Se lieve* (1. S.) *tempre et couche tart
Pour penser à vo douch resgart.*

42. *fai que fol.* Ueber diese Verwendung von *que* als relatives Neutrum ohne determinatives *ce* mit Ellipse eines *fait* oder *feroit* handelt Tobler, Vermischte Beiträge zur franz. Gramm. S. 11 f.

50. Dieser Vers, syntaktisch selbständig, steht logisch doch dem vorausgehenden, durch *de mi* eingeleiteten Relativsatze gleich: „von der ich alles, was ich besitze, zu Lehen habe und die ich Gott befehle"; denn V. 51 gibt offenbar den Grund an nicht für V. 50, sondern für V. 47.

72. Wir haben hier jene bekannte Ellipse des relativen Ausdrucks nach verneinenden Formeln wie „es gibt Niemand", „es gibt Nichts", von der Diez, Gr. III⁴, 381 handelt; in der Regel ist nicht nur der regierende, sondern auch der abhängige Satz negativ, der hier vorliegende Fall, dass der letztere der Negation entbehrt, findet sich selten. Nach Diez wäre nicht das Pronomen, sondern die Conjunktion *que* zu ergänzen, doch kann an unserer Stelle offenbar nur das Pronomen ergänzt werden: „es hat Niemand gelebt von der Art, dass er mit einem solchen Schwerte verwundet worden wäre", gäbe keinen Sinn.

84—86. Napolski setzt vor *qu'anc* und nach *gen* V. 86 Gedankenstrich, betrachtet den Satz also als Parenthese und nimmt *que* im Sinne von „denn". Diese Auffassung ist offenbar unzutreffend; vielmehr haben wir es hier mit jenem von Diez Gr. III⁴, 380 erwähnten Fall zu tun, dass „das Casusverhältniss, welches die Partikel *que* zu vertreten hat, durch ein in demselben Satz enthaltenes Personalpronomen, oder, wenn der Gen. gemeint ist, durch das Possessiv angezeigt, der verwahrloste Casus also nachträglich bestimmt wird". Wir haben genau die gleiche Construktion V. 92 und 100, nur dass das an vorliegender Stelle und V. 92 zu supplirende *tal* V. 100 ausdrücklich gesetzt wird.

92. „Welche Gott so machte, dass es in ihrer Art nichts anderes gibt" d. h.: der Gott keine gleich machte; vgl. die vorangehende Anmerkung.

109. Die sonderbare analogische Form *esez* in c vermag ich nderweitig nicht zu belegen.

121. Weder dieser noch ein ähnlicher Gedanke findet sich i Salomo.

140. *homen.* Eine seltene Form für den Obl. Sing. und Nom. Plur; einige Belege s. bei Mahn, Grammatik S. 272.

171. „Und Ihr bezahltet mich wie einen Toren" d. h. ungenügend, mit Worten — mit denen nur ein Tor zufrieden ist —, statt mir Eure Liebe durch die Tat zu beweisen.

176 ff. „Würdet Ihr mir doch die Wahrheit (dieser Eurer Behauptung) jetzt beweisen!" Aber kaum hat der Dichter diesen Wunsch ausgesprochen, so überkommt ihn die Befürchtung, er möge zu viel gesagt haben. „Ja, fährt er fort, ich verdiente, dass man mir dafür (als Strafe für meine Kühnheit) das eine Auge ausstäche."

184. *tart* „zu spät."

216. *entre mos braz* „zwischen meinen Armen" d. h. das Haupt zwischen meinen Armen; es ist hier also angezeigt die Stellung eines im Knieen betenden, der die Arme aufgestützt, die Hände gefaltet und das Haupt zwischen die Arme geneigt hat, d. h. die Stellung eines mit tiefster Inbrunst betenden.

219. f. Aehnlich sagt Uc de la Bacalaria in seiner Alba Gr. 449, 3 (M. W. III, 212) Str. II: *Depus mon cor li donelis,* (Mahn nach Rayn. druckt *doneris,* der Reim fordert aber *l) Us Pater noster non dis, Ans qu' ieu disses: Qui es in Coelis, Fon a lieys mos esperitz.*

239. *Enaissi* bezieht sich auf das Vorhergehende.

241. *qu'* „denn".

Schlussbemerkung.

„Herr Prof. Foerster macht mich, da die Aushängebogen des bereits zu Ende gedruckten Heftchens ihm in Vorlage gebracht werden, darauf aufmerksam, dass in verschiedenen Texten der Dichter Falquet heisst und dass dies, nicht Folquet, möglicherweise die richtige Namensform sei. Ich muss zugeben, dass die Frage eine Untersuchung verdient hätte; augenblicklich fehlt es mir indess an der Zeit und den Hilfsmitteln, eine solche vorzunehmen. Ich werde, sobald es mir möglich ist, an anderem Orte auf die Frage zurückkommen. Sollte wirklich ein Fehler vorliegen, so wird man mir denselben, hoffe ich, nicht zu schwer anrechnen, da sämtliche Forscher, die bisher über den Dichter geschrieben haben, denselben Folquet nennen, und mir, trotz der abweichenden Schreibung einiger Handschriften, ein Zweifel an der Richtigkeit dieser Namensform nicht gekommen war."

Florenz, Oktober 1895.   Rudolf Zenker.

Druck von Ehrhardt Karras, Halle a. S.

www.ingramcontent.com/pod-product-compliance
Lightning Source LLC
Chambersburg PA
CBHW031443280326
41927CB00038B/1611